# 安歇・溪水旁

## 一位大學教授與主同行十年的生命週記

謝開平——執筆

國立高雄大學教職員團契光鹽社——出版

# 獻給

每位在人生不同階段、境遇，默默代禱的弟兄姊妹。

以及在天上垂聽眾人禱告，隨時保守我們的天父。

你們要過去得為業的那地，乃是有山、有谷、雨水滋潤之地。是耶和華你神所眷顧的，從歲首到年終，耶和華你神的眼目時常看顧那地。

——申命記第十一章第十一節至十二節

# 目次
CONTENTS

節期分享

# 出版序

PREFACE

在台灣，大學教授被要求四件事情：教學、研究、服務、輔導。

認真的教授或者在教學盡心，讓學生滿心感激；或者在研究下苦功，每年有研究論文的發表；或者協助學校與社會，淑世濟民。因為，把書教好，會得獎賞；把研究做好，會得獎賞；把輔導做好，會得獎賞；把服務做好，也會得獎賞。這些獎賞可以是看得見的優良教師獎、傑出研究獎、優秀導師獎或專家諮詢費；這些獎賞也可能是看不見的學生發自內心的感激、研發突破後的自我滿足、會議夸夸其談的自得意滿。而這些的總和，大約是大學教授工作的範疇與邊界。

在國立高雄大學，有一位教授，不為任何獎賞，跨越了一般的範疇與邊界，除了這四件事情之外，他幾乎每週筆耕不輟，歷經十年寒暑。十年，可寫五二〇篇週記，可由大學畢業兩次。十年，相當於八萬七千六百小時。天才，是把同一件事重複練習了一萬小時。想想，十年歲月不間斷的堅持在寫「週記」上，這當中所淬鍊出的文字又豈止是天才可比擬。然而，這一切都還不是最重要的，讓我們同感好奇的是，不為獎賞的他，為何做這件事？他的堅持從何而來？

謝開平老師，本書作者，法律學者，也是本校基督徒教職員團契光鹽社的成員。對大學教授而言，忙碌在教學、研究、服務與輔導的無止盡循環中，很容易在忙與茫之間掏空了所有的時間。光鹽社成了避風港，如果你想有片刻喘息、自我對話與沉澱的時間。開平老師為此，自二〇〇六年起，每週發送電子郵件提醒想到避風港裡安歇的人們，一週一次，一發不可收拾地就這麼走過了十年。這當中，有他對事情的看法、生活的體驗與分享、自我的關照、親子間的感動、對學校的期待，與作為基督徒，他對《聖經》的看見。

當你翻閱這本書時，你可以發現法律學者的清晰邏輯，你可以感受為人父者的纖細情感，你可以領略基督徒教師對《聖經》的深刻理解，你也可以品嘗用心的人對生活的細膩體察。然而，我更要說的是，這一切，跨距超過十年，唯一不變的，是作者對上帝的愛。是這份愛，讓他甘心樂意為所服事的大學團契發送聚會通知，十年。《聖經》上說：「我實在告訴你們：這些事你們既做在我這弟兄中一個最小的身上，就是做在我身上了。」（太25：40）開平，我親愛的弟兄，為《聖經》這句話下了很好的註解。

他的堅持從何而來？我相信是因為：這是上帝的帶領。一位大學教授與主同行十年，其中所精選出的五十二篇絕佳文章及三篇節期分享，你一定不能錯過！

國立高雄大學基督徒教職員團契光鹽社社長、行政副校長

連興隆　敬筆

二〇一六・十一・十四

# 自序

PREFACE

來到高雄大學任教，是因為人生發生了嚴重的意外。到校任教之後，因為電子郵件使用「平安」作為開頭語，因此被認出是基督徒，而被邀請加入校內起步不久的教職員團契。

人生的意外很痛苦，苦到要默默離開從小長大的台北，南下三百多公里外的高雄，刻意迴避熟悉的環境、熟悉的家。但是，即使是一段每天都會一個人哭泣的日子，還是可以向周圍的人說句平安，還是可以為周圍的人祝福。

至於團契聚會，本來在安排好每週的服事輪值之後，可以說並沒有必要每週再特別寄發提醒聚會的通知。不過，高雄大學的教職員團契很溫暖，一開始就建立起每週寄發聚會通知（電子郵件）的傳統。其後，隨著人事更迭，負責寄發聚會通知的服事者也有所更動；在某個暑假的幾次代班之後，就開始負責擔起寄發聚會通知的工作。

最初的念頭很簡單：每週的生活總會有些可以和大家分享的事情，即使只是提醒即將開學該收心了（需要調整的，並不是只有學生而已），或者是颱風動態、季節變換等等，通知內容加上這些，應該會比單純的當週各項服事者、查經進度要好些。每年總會有幾週，會寫點心靈交流的內容，可能是生活上的感動、或者是讀經的心得，也可能是國內外的新聞分享。時間長了，就堆砌出這本小書的內容。

教職員團契的社長連老師，原本想將內容整理在團契的網頁上；後來，則是起了整理歷年聚會通知，然後集結成書出版的念頭。有人願意主動整理自己過去所寫的文字，內心當然是求之不得，更何況連老師還很細心的增補了許多相關的《聖經》經文。可是，因為自己負責的挑選工作，速度緩慢，加上連老師擔任學校的行政工作，這個工作就慢下來了；直到目前任職圖書資訊館的何組長協助編排，才讓這本書的完成出現曙光。

許多事情在發生時、進行中，根本就不會意識到未來可能會產生的影響。當何組長將本書的初稿整理出來以後，這個初稿讓我看傻了：這怎麼可能出自我的手筆？怎麼可能會有這樣的想法？上帝讓我明白，即使內心痛苦煎熬，神仍然可以讓一個自認身在苦難中的人，成為祝福他人的管道；讓苦難人的筆，可以不經意的寫出走出苦難的方向。所以，我不敢自稱是作者，只是拿著筆（其實應該說是鍵盤），記錄著某些感動、想法的執筆人（或者說打字者）。

如果這本小書的內容，能夠讓讀者諸君產生共鳴，或是在心靈上帶來了一點安慰，願這些感動、讚美，都歸愛我的主、我的神。

執筆人　**謝開平**

二〇一六・十一　於高雄

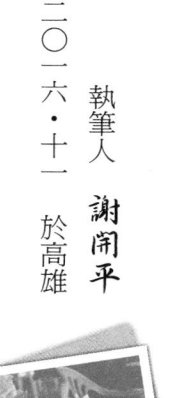

## 美好的創造

持續好幾年（究竟已經進行幾年了呢？）的校內報佳音活動，希望不僅能夠成為這個學校的慣例，更能為這個學校帶來祝福，以及讓更多教職員生接觸、認識福音的契機。

冬季天空的星座相當迷人，夜晚的天空不僅有全天最容易辨識的大型星座之一的獵戶星座，獵戶座左下方還有相當明亮、有名的天狼星（屬於大犬座），即使在光害嚴重的都市，都不難辨識。高雄大學附近，算是光害相對不嚴重的地方（曾經深夜在校園裡看見過一次流星），不知道大家是否偶爾會抬頭看看天上的星星？

這兩天因為月亮與金星、木星的位置，在天空形成一個大型的笑臉（參閱文末照片），這個天文訊息成為了媒體報導的對象。甚至有人說，看到這個天空的笑臉，心情都跟著好起來。無論這個說法是否誇張，也不管是否錯過這次有趣的天文景象，在我們每天忙碌於地面上的諸多事務時，偶爾抬起頭看看天父上帝創造的天空、周圍的花草樹木，享受天父美好的創造，改變一下自己的視野、調整一下自己的心情，不要被世事所綑綁、侷限了自己的眼光。

寫於二〇〇八・十二・四

## 靈修筆記

起初，神創造天地。（創世記第一章第一節）

# 魔鬼契約

雖然已經進入寒假了，不過寒假剛開始的這段期間是老師們努力改考卷的時間。不知道是否有人像我一樣，會接到學生打到研究室的電話，不是說考試當天表現不好希望可以還有一次機會、就是說已經是最後一年重修好幾遍了……於是，上週乾脆把研究室的電話接頭給拔掉了，直到今天考卷改完開始登記成績，才把電話接上。

以前曾經在他校非法律系的選修課程兼課，一個有上下學期的課程。那班學生平常出席率頗低，考試成績一塌糊塗，但是學期成績沒有超過八十就會抗議分數給太低。經過上學期我痛苦地給全班all pass，他們痛苦地面對絕大部分只有六十來分的雙輸結果，下學期的最後一堂課，我給他們一個特別的約定，一個稱為「魔鬼契約」的約定：如果不想準備這科的期末考、或是覺得沒有把握會過，請在答案卷的第一行寫上「我需要這個學分，請給我及格」的「通關密語」，就不會看考卷內容而直接給予六十分的學期成績。結果，選修的四十七人當中，有二十八人選擇在第一行寫下上面那句話……

我們在面對人生的困難或挑戰的時候，是否也會臨這種「魔鬼契約」的引誘：無須努力、只要稍微放棄一點尊嚴、沒有別人知道你曾經決定暫時犧牲向來的原則，就可以不費力氣地順利度過難關。或許第一次、第二次要堅持原則並不困難，但是當你聽到別人這樣就過關了，自己還在傻傻地繼續堅持，是否就會動搖了呢？究竟能夠堅持多久、多少次呢？

堅持原則很難、拒絕誘惑很難、面對挑戰當然也很難，不過，我們與世人不同的地方，就在於我們有特別的倚靠——永不動搖、永不改變的上帝。面對這些打擊或引誘的時候，不要忘記向神「大大張口」，全知全能的上帝一定會垂聽、愛聽、耐心聽我們的禱告。

**寫於二〇〇七・二・一**

**靈修筆記**

惟獨我的僕人迦勒，因他另有一個心志，專一跟從我，我就把他領進他所去過的那地；他的後裔也必得那地為業。（民數記第十四章第二十四節）

# 信仰投資學

上週三團契舉辦了第一次公開性的演講活動，參加的教職員人數相當多。主講的旭輝老師設定了一個很吸引人的主題，從參加的人數來看，「投資理財」確實是大家所關切的重要課題。

演講開始，旭輝老師就講了一個很棒的例子：十七世紀發生在紐約的一筆土地買賣。這個例子很貼切的讓大家認識到時間對於金錢價值的影響，或許還感受到了通貨膨脹與物價變化，以及理財方式的發展與轉變。

相對的，對於我這樣唸法律的人來說，同樣的事件，關切的重點則是這個交易是否有效、有沒有詐欺脅迫導致日後可得撤銷契約的因素、移轉土地所有權應當採行的交易方式，或者是北美原住民與移民的歐洲人對於土地與貨幣的價值觀等。

每個人專精的學門領域不同，很自然的，看待相同事件的角度就會從自己的專業觀點出發而有所差異。專長為環境工程的興隆老師來看，或許會想到紐約市原本的這塊淨土，在這場交易之後，當時應該怎樣避免今日的污染局面，或是如何改善時下紐約的環境問題。過去服務於國稅局的雪芬或許會想到，當時的土地交易是否要繳交稅款，殖民屯墾地區如何徵稅、怎樣計算、如何上繳等。

大家都知道，相對於勞動所得，用錢賺錢是較快、更有效的投資理財方式。不過，在人生可以規劃的各種投資——這裡並不限於理財，究竟應當投資在哪方面、怎樣投資才是方向正確、效率最高的呢？

對於有限的人生、有限的投資標的選項，而不是學術討論上的無限時間、或是生活上明確的金錢規劃，我們又應當如何尋找到正確的方向呢？

這，不正是我們每週聚會所關切的課題之一嗎？

**寫於二〇〇七・四・十九**

### 靈修筆記

不要為自己積攢財寶在地上；地上有蟲子咬，能鏽壞，也有賊挖窟窿來偷。只要積攢財寶在天上；天上沒有蟲子咬，不能鏽壞，也沒有賊挖窟窿來偷。因為你的財寶在哪裡，你的心也在那裡。（馬太福音第六章第十九至二十一節）

# 快！快！快？

週二晚上已經是第五次來到高鐵左營站，新鮮感早就大幅度的降低很多，但是幾個一起前來高鐵站的學生則是充滿新鮮與好奇。除了買票，幾個人還想這裡逛、那裡看，順便看看怎麼進入月台搭車。

雖然在陸地高速奔馳的高鐵速度還是比天空的飛機慢，但是在陸上以時速三百公里的速度飛馳而過的感覺與經驗，還是很棒的；加上美觀的現代化車站、新科技所塑造的新幹線列車，樣樣都充滿了吸引力。

在追求速度、凡事盡量節省時間的現代社會中，高速鐵路可以說是相當符合現代社會生活的一種指標性工具。不過，我們的生活是否每件事情都應當以這種現代社會指標（追求速度、節省時間）作為指導原則呢？

如果每天的靈修，都以速度作為最高目標，大概很難會有與神相遇的機會。每次的禱告都希望盡量減少時間，遲早會做出根本放棄禱告的決定。

我們的神似乎不是急躁的神，祂用相當漫長的時間去培養祂所重用的人。信心之父亞伯拉罕，一個「子孫多如天上繁星」的應許，就磨練到百歲的高齡。上帝所重用的摩西，先在埃及培養了四十年，接著又把他趕出埃及再磨練四十年，然後才開始用他展開有名的四十年出埃及過程。

在凡事追求速度的時代中，還是有些事情需要使用時間慢慢熬煉出美好的滋味與純度，例如我們與上帝的關係，以及我們與他人之間的關係——唯有透過時間，才能知道是否真的愛主、你的上帝，是否真的愛人如己。

所以，有時候還是應該放慢腳步，不要被世界的腳步迷惑而事事加快了腳步。

**寫於二〇〇七・一・二十五**

靈修｜筆記

我親愛的弟兄們，這是你們所知道的。但你們各人要快快地聽，慢慢地說，慢慢地動怒，因為人的怒氣並不成就神的義。（雅各書第一章第十九至二十節）

# 我心安寧

✝耶和華是我的牧人，我必不會缺乏。他使我躺臥在青草地上，領我到安靜的水邊。他使我的靈魂甦醒；為了自己的名，他引導我走義路。我雖然行過死蔭的山谷，也不怕遭受傷害，因為你與我同在；你的杖你的竿都安慰我。在我敵人面前，你為我擺設筵席；你用油膏了我的頭，使我的杯滿溢。我一生的日子，必有恩惠慈愛緊隨著我；我也要住在耶和華的殿中，直到永遠。（詩篇第二十三篇）

每次從高雄往返台北老家，不管是兩三天還是一整週，都會造成生活節奏的混亂。這週很不容易地再度開始早晨讀經的生活（因為晚上又開始晚睡了），週四（二〇〇七年四月十九日）的靈命日糧有一段很棒的內容，和各位分享，當天的經文是大家很熟悉的詩篇第二十三篇。

作者提到和一群青少年討論憂慮的問題，而且發現這些青少年和非信徒同樣為生活的各種事情憂慮，因此靈機一動，決定進行一個遊戲，在「擔心／憂慮」的內容前面，加上「耶和華是我的牧者」，後面還可以繼續接上「我擔心得要命／我憂愁得不得了」，並且將這個遊戲命名為「我心安寧」。

因此，例如我一直在擔心五月底的研討會論文寫不出來，到現在連手邊的日德文資料都沒看完，更不要說還有多少沒有去找的資料，所以「我很擔心五月底的研討會論文寫不出來」。依據上面這個「我心安寧」遊戲的規則，就應該更改為「耶和華是我的牧者，所以我擔心研討會論文寫不出來，我憂愁得很」……是否發現我們思想上的荒謬呢？

沒有人說，我們可以放心等待天上掉下一篇寫好的論文。但是，每個憂愁是否都明確表現出我們對於上帝信靠的程度呢？所以，請信靠上帝，然後盡自己的力量，放手做好分內的事情吧。

**寫於二〇〇七・四・二十六**

靈修一筆記

# 如果早知道……

✝你既藐視我，娶了赫人烏利亞的妻為妻，所以刀劍必永不離開你的家。（撒母耳記下第十二章第十節）

生活中有些時候，會深深覺得「如果早知道事情會這樣就好了」。特別是在諸事不順的狀況下，尤其容易這樣去思想，巴不得自己擁有能夠未卜先知、預測未來的能力。

但是，如果真的讓我們預知未來會發生的事情，真的會比較好嗎？

看看我們最近所查考的《撒母耳記》，上帝透過先知告訴大衛王一段預言：「你既藐視我，娶了赫人烏利亞的妻為妻，所以刀劍必不離開你的家。耶和華如此說，我必從你家中興起禍患攻擊你，我必在你眼前把你的妃嬪賜給別人，他在日光之下就與他們同寢。你在暗中所行的事，我卻要在以色列眾人面前，日光之下報應你。」大衛對拿單說：「我得罪耶和華了！」拿單說：「耶和華已經除掉你的罪，你必不至於死。只是你行這事，叫耶和華的仇敵大得褻瀆的機會，故此，你所得的孩子必定要死。」

這段預言後來完全實現，首先是在七日後，孩子死了；接著兒子暗嫩果然在家中興起禍患，導致後來押沙龍殺死暗嫩的家中兄弟相殘事件；日後押沙龍更有計畫地取得以色列人的支持，而引發大衛逃離耶路撒冷的叛亂，並在宮殿的平頂上、在以色列人眼前與大衛的妃嬪們在日光下同寢。

面對這樣的預言，深知上帝有豐盛憐憫的大衛（至少在孩子的事件）曾經禱告、禁食，但是這些預言還是一項一項地全數應驗。

面對這些預言的應驗，大衛的內心會認同「如果早知道事情會這樣就好了」嗎？這和君王們所追求的「國泰民安的太平盛世」相差太多了吧。

不妨想想，我們希望自己擁有未卜先知、預測未來的能力，真的是為了趨吉避「凶」？還是想提前知道未來的好結果，來證明現在自己所做的一切都是正確的？同時，如果未來可以被現在的我們「趨避」而改變，那麼，我們所預知的又是一種怎樣的未來？或者只是一種未來的可能性而已？

如果我們預見的未來，與我們想像的「美好未來」相去很多，還能夠有力量面對接下來的每一天嗎？

所以，想要預知未來的心態背後，似乎隱藏著想要自我支配生命而不願順從、仍然將生命主權緊緊抓在手中的「老我」——雖然那個「老我」應當已經被釘死在十字架上了。

寫於二〇〇七・一・十一

# 生命的態度

週二下午開著汽車，後行李箱載著腳踏車（三年前買的入門款登山車）前往位在鼓山的車行送修。因為腳踏車在前進的時候，踏板會發生不明原因的空轉，先是偶爾會差個一格齒輪，現在則是偶爾會空轉半圈。用力前進的時候，忽然空轉踏空的感覺，不只可怕，還要擔心腿部肌肉可能會受傷。

車行檢查之後，發現後輪齒輪組中最小的那個，因為過度磨損而無法與鏈條咬合，所以發生空轉現象。結果就是要更換齒輪組與鏈條了。更換零件的同時，車行老闆看著換下來的齒輪說，就只有最小那個齒輪有嚴重磨損不堪使用，其他七個齒輪都很好；而且，應該很少用吧！齒輪上都沒有什麼痕跡。然後，老闆教導說，用腳踏車運動，要強調腿部轉動的次數，後輪應當使用較大齒輪，避免讓腿部有過重的負擔。這樣才會因為腿部轉動的次數多／頻率高，達到有氧運動強化心肺功能的運動效果；避免腿部因為後輪齒輪較小的沉重感，而過度用力，導致肌肉疲勞酸痛……

從小騎腳踏車到現在，尤其高中時期還騎了兩年半的腳踏車作為通學的交通工具。直到今天，才知道自己習慣的騎車方式是不恰當的「重量訓練」模式，反而沒有鍛鍊到心肺功能。還真是錯好久啊。

涉及是非對錯的判斷，都會有對錯的標準。就像騎腳踏車一樣，從零件的損耗，以及運動的效果，就可以知道騎車方式是否恰當（雖然老闆相當佩服能把那顆齒輪騎到磨損的程度）。我們面對生命的態度，無論是今生的生活，還是靈魂未來歸去的世界，又要用怎樣的標準去判斷呢？

依照社會上的習俗？或是一般人可以接受的模式？還是一切聽憑自己的意思？或者，聽聽創造宇宙萬物的上帝怎麼說？

**寫於二〇〇八・十・三十**

**靈修一筆記**

這便叫亞伯拉罕的福，因基督耶穌可以臨到外邦人，使我們因信得著所應許的聖靈。（加拉太書第三章第十四節）

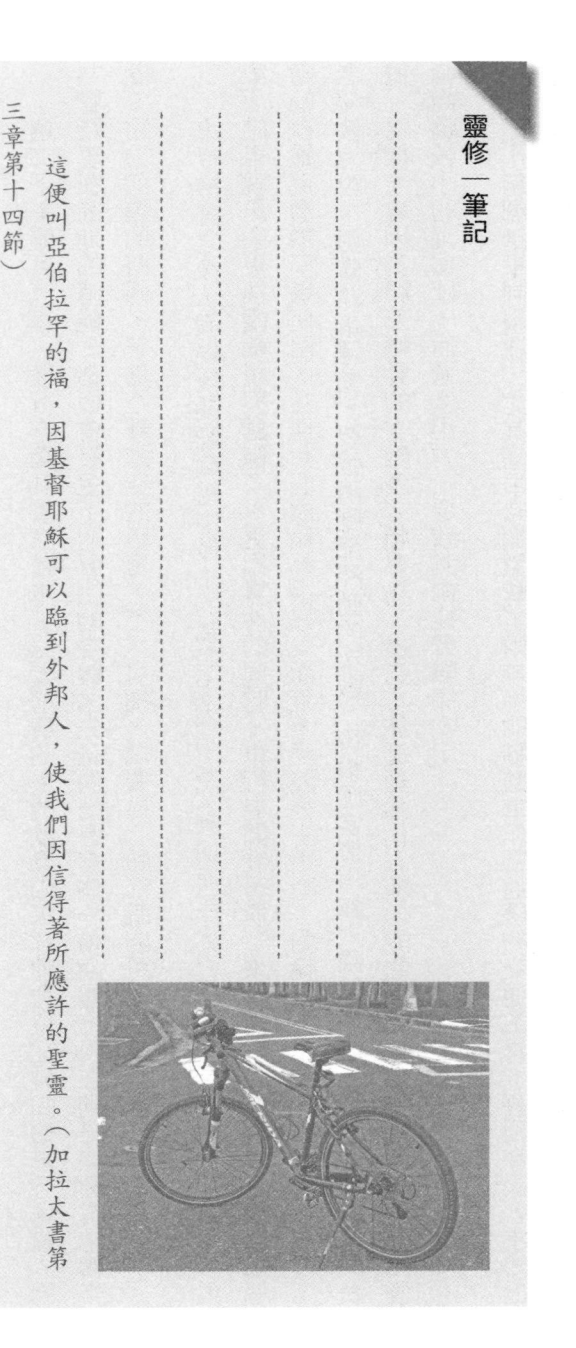

上帝總不放棄

畢業的導師班學生——現在應當稱為系友或校友——返回高雄舉辦同學會。畢業一年後，學生們的人生已經出現歧異：有的在唸研究所、有的剛退伍回來、有的已經就業、還有剛通過律師考試的，當然，大部分還是在準備國家考試。不過，還是有前途方向並不確定，即使已經就業或者正在補習準備考試。

身為前導師，當然不能跟他們說，你看，以前在學期間就跟你們說該好好用功，結果你們不聽，所以現在就這樣或那樣等等的話。而是在與個別學生聊天的時候，繼續給予肯定、鼓勵，並且用學長姊的例子，告訴他們只要願意開始認真投入，就有機會達成目標。

不聽勸告、重視眼前的玩樂，不就是絕大部分大學生的特質嗎？不就是因為這樣的緣故，如果碰到一班學生，大部分認真努力、主動用功，才會倍感欣慰。

從上帝的角度來看，追尋上帝的敬虔世代，似乎也是較為罕見的。但是，上帝的福音並沒有因為拒絕上帝、離棄神教導的世代，而停止傳播的腳步。上帝經年累月對我們所做的，也成為我們的好榜樣，所以，請繼續勸告、提醒以及禱告代求，因為總是會有把話聽進去、願意接受教導與祝福的世代。

寫於二〇一〇・十一・二十二

## 靈修筆記

何況這尼尼微大城，其中不能分辨左手右手的有十二萬多人，並有許多牲畜，我豈能不愛惜呢？

（約拿書第四章第十一節）

# 願人人都悔改的主

✝主決不耽延他的應許，像有些人以為他是耽延的一樣；其實他是寬容你們，不願有一人滅亡，卻願人人都悔改。（彼得後書第三章第九節）

上週末返回台北，回到家裡，打開電視看到久違的「新聞」節目，彷彿自己從與世隔絕的地方，忽然與文明世界聯接了起來，原來這段時間發生了這麼多事情啊。不過，這週要分享的法律圈內的事件，還上不了無線或有線媒體的新聞節目。

上週四的夜晚，一位導師班學生在下課後來研究室找我，說有件事情讓他覺得很悶。原來是因為突然知道一位法律補教界的名師，要入獄服刑十一年。

學生說，這位老師上課教授的內容非常清晰，很容易聽懂，而且教得又深入；下課後面對學生的問題，也相當親切有耐心，完全沒辦法想像這位老師竟然因為先前任職司法工作時，不僅濫用職權幫色情業護航、插乾股，甚至調閱業者債務人資料以利討債等等，而被判處十一年兩個月的有期徒刑。學生無法相信這兩種天差地遠的形象，居然會是同一個人。

對於成年人來說，每個人同時扮演多數角色的現象，是很容易理解的。不過，即使是成年人，往往也會因為某人生活中某角色的扮演成敗，就直接論斷生活上其他角色的成敗。結果變成一件事成功，就表示這個人整體都傑出；一件事失敗，就表示整個人都一無可取——雖然我們在理智上都知道，各個角色的好壞，並沒有必然的關聯性；各個角色的成敗，並不表示整個人的成敗。

陪學生聊起這件事情的時候（這年頭的大學導師真是不好當），讓我同時在心中反省：上帝又是怎樣看待我們？是希望我們扮演好生活中的每一個角色？還是只要扮演好主要的角色呢？

雖然對於上面的問題，我並沒有答案，但是卻明確肯定一件事：當我犯錯、失敗的時候，上帝還是願意接納我、原諒我，並不會因為哪個角色的失敗，就認為整個人都應當受到完全的否定。畢竟，我們所信靠的，乃是「不願有一人沉淪、乃願人人都悔改」的上帝。

寫於二〇〇八・十一・十三

靈修筆記

# 生命的質素

上週末下午前往軍校路與中海路路口旁的國訓中心，幫在內集訓的選手上課，第一次進入這個匯集國內各項體育國手的空間，相當興奮與好奇。

車子停在約定碰面的教學大樓附近，旁邊還有國內職棒興農牛的大巴士，以及好幾輛中小型車。今年職棒球季在十月結束後，明年球季開始前五、六個月的現在，棒球隊的球員正在用投球機練習打擊。

因為時間還早，看了棒球隊練球的情形之後，接著又走到教學大樓正前方的位置。這個地方是一片草地，草地上有很多個用布套蓋起來的東西，回頭看看草地與教學大樓間的遮陽棚，上面的白板寫著幾位射箭國手的姓名與分數，原來這裡是練習射箭的場地，用布套蓋起來的東西，應當就是箭靶了。

在這段閒晃的過程中，很自然的想到：每位入選進入這裡的國手，在這個空間裡，究竟花了多少時間，忍受多少內容相同的枯燥練習，反覆多少次的大小調整，逐步增加個人的體力、技術以及心理素質，然後，就為了競技場上短暫的出場比賽時間。

有句俗話說：「台上一分鐘，台下十年功」，國訓中心的運動選手們應當體會的最為深刻了。同樣的，我們每天要面對的工作，也是因為昔日不斷的累積，才能應付自如，或者明瞭如何面對、解決之道。每個人流露出來的生命內容，又何嘗不是如此？

至於那個課程，很意外的，居然是只有一個學生的家教式授課。

寫於二〇〇八・十一・二十

**靈修筆記**

以色列人哪，我賜你們一個證據：你們今年要吃自生的，明年也要吃自長的；至於後年，你們要耕種收割，栽植葡萄園，吃其中的果子。猶大家所逃脫餘剩的，仍要往下扎根，向上結果。（列王紀下第十九章第二十九至三十節）

# 花一般美麗

期末考期間，學生大量湧進圖書館，許多教室也有同學熬夜啃書的身影。不過，在學生焦頭爛額準備期末考的同時，不曉得各位弟兄姊妹們有沒有注意到學校圖資館旁邊的草地又開滿了一大片美麗的花朵？

週日下午，這片花海吸引了好多校外人士進到學校裡面賞花、拍照。其中還有不少人是走進花叢裡面拍照。在一旁拍照時，一方面想起「數大便是美」這句源自國中國文教科書的句子；同時也想起：這片花海應該是屬於校園規劃小組的傑作吧！在生態池的涼亭外，圖資館旁草地的一片花海，成為另外一個吸引人的景點。當然，這個學期總務處新架設的兩個抽水風車，也為校園增添了新的美景，也是一個挑戰攝影的新項目。

面對花海的時候，看到花海像磁鐵一樣吸引大家走進，不禁也想到，我們這些在世上作光作鹽的基督徒們，是否也能夠像這樣吸引人群認識上帝呢？引人歸主呢？

寫於二〇〇七・一・十八

## 靈修一筆記

我們傳揚他，是用諸般的智慧，勸戒各人，教導各人，要把各人在基督裡完完全全地引到神面前。（歌羅西書第一章第二十八節）

## 美好見證Ⅰ

不知道各位弟兄姊妹是否還記得，這學期聚會中曾經提到好幾次的本校學生A——今年本校某研究所的榜首。她過去因為車禍，造成腦部記憶受到影響；今年寒假準備研究所考試的時候，在面對自己整理複習內容的筆記時，甚至會完全沒有印象而必須含著淚水重新再來一遍。就在這樣的狀況下，憑著禱告倚靠上帝、憑著更多倍的付出……上週和她聊天時，才知道她同時還有考上其他國立大學研究所。因為決定就讀位在台北的研究所，六月初就已經到台北報到，也因此才有機會在台北請她吃個點心，得知這個美好的見證。

不說這個見證的結束或結局，是因為這個見證還在繼續發展：還有未來在台北的研究生活、碩士班畢業後的就業或繼續就學等。上帝不是那種帶領人走出困境就撒手不管的不負責態度，例如上帝帶領以色列人離開埃及、過了紅海，還繼續帶領他們進入迦南地、興起士師……即使國家滅亡超過兩千年，還帶領以色列復國。同樣地，學生A的見證還會在上帝的帶領下繼續發展下去。

這個見證的發展過程，讓我得到相當大的鼓勵與安慰……對於上帝的相信，反應在完全的倚靠、交托以及享受上。讓我們放開心胸，享受上帝每天所賜給我們的諸般福氣吧。

**寫於二〇〇七・六・十四**

註 學生A碩士畢業後，不僅順利就業，目前也已經結婚成家。

## 靈修｜筆記

你不要害怕，因為我與你同在；不要驚惶，因為我是你的神。我必堅固你，我必幫助你；我必用我公義的右手扶持你。（以賽亞書第四十一章第十節）

# 美好見證II

上週三下午，在德國唸書時受浸的學弟來找我，這次返回台灣是因為申請教職的緣故。兩個人很久沒見面了，一下午嘰哩呱啦聊個不停，完全忘記搭乘火車的時間。兩個人直到將近五點二十分才慌慌張張從學校出發，開車趕往岡山火車站。火車預定五點四十分從岡山發車，我的汽車在五點三十分才從橋頭的小路轉入台一線。在這個下班時間，一路上不僅車多、速度慢，還有好幾個紅綠燈要過，當我想到學弟進站之後，還要買票、經過地下道才能抵達月台上車（總要有個兩、三分鐘吧），心中幾乎篤定認為「大概要目送火車離站了」，然後敲著手錶對學弟說，這下不太樂觀了。結果學弟的反應居然是哼起一首詩歌的旋律，雖然只是一句“Sing Hallelujah to the Lord”而已。我有點驚訝地轉頭看看他，說：「這下真的只能禱告依靠上帝了。」

經過一路超車、搶過正在變換燈號的紅綠燈，抵達岡山火車站的時候，車站時鐘顯示的時間正是五點四十分整，學弟下車後，拿著行李快步走進車站。因為接下來自己在六點二十分要上課，所以也只能開車離去，不能留在車站陪他。汽車離開火車站，碰到紅綠燈停了下來，學弟竟然就撥了手機過來說：「學長，我現在在火車上，剛跑上車不到兩秒，車就開了。」

我不知道在這次趕火車事件的背後，有沒有神的介入，但是，確定我們兩個有禱告將這件事交託在神的手中。這次的結果符合我們的預期，我們當然樂於表示「感謝上帝垂聽我們的禱告」；不過，如果結果不如預期，火車開走了；當我帶著歉疚的心返回學校上課，學弟則是無奈的一個人在車站等下班車，那麼，仍然能夠毫無懷疑、沒有任何不快或遺憾地表示「感謝上帝垂聽我們的禱告」嗎？至少就我自己而言，我很懷疑……

寫於二〇〇七・十・二十五

## 靈修筆記

要常常喜樂，不住地禱告，凡事謝恩；因為這是神在基督耶穌裡向你們所定的旨意。（帖撒羅尼加前書第五章第十六至十八節）

# 美好見證III

走廊上種了幾盆植物，有些是常綠不落葉的，有些則是會落葉的。照片這盆楓香是屬於會落葉的。新生的葉子是紅褐色，然後長成綠色的葉子，當葉子變枯黃以後，就表示要落葉了。

去年落葉之後，雖然可以看到未來會新生樹葉的紅色芽，但是，一等就是四個月左右，讓人擔心這顆楓香是否還健在。

不過，就從上週起，不只是那些原本看得見的芽，甚至是原本沒有芽的地方，還更早更快的冒出了葉子。不過一週左右的時間，就已經長出了一大堆的葉子（見文末照片）。

這時候，不只慶幸這棵植物還健在，而且狀況還相當好。在高興之外，還有一份欣慰與得意——看起來自己照顧得不錯嘛！

在生活上的某些時候，或許就像這棵植物過去四個月所顯現出來的狀況：外表看起來生機逐漸消失，隨著時間經過，狀況似乎越來越不樂觀；但是，一夕之間，忽然冒出許多契機，然後短短幾天就是一片欣欣向榮的景象，將過去的許多陰霾一掃而光。

所以，眼睛看不見的時候，不要灰心；因為在眼睛看不到的更多地方，還有我們不知道、不認識的力量在繼續運作、努力。所以耶穌要我們「常常禱告，不可灰心」。（路18：1）

寫於二〇〇九・三・五

## 靈修｜筆記

約瑟是多結果子的樹枝，是泉旁多結果的枝子；他的枝條探出牆外。（創世記第四十九章第二十二節）

# 上帝的保守 I

下學期的開學第一週，新的（學期）課程要做課程介紹；至於學年課程，則是檢討上學期的期末考試。過了一個月的寒假，學生似乎已經忘記前一學期所學過的內容；並且對於檢討中同步進行抽點同學回答考題的部分內容，感到相當畏懼。

這個學期也發生來到本校後首度出現成績登記錯誤，因此要提出成績更正的申請。即使依然是及格的成績，還是很對不起學生，而且也很不解——如果有登記錯誤，應當會在登記其他人成績的時候發現才是。不解歸不解，但是，做錯就要認錯，而且要更正。

有個日本漫畫，裡面有段對話是：

「在工作上絕對不犯錯的，是怎樣的人。」

「不做事的人。」

只要做事，就會有出錯的可能；唯有不做事的人，才不會出錯。因此，做錯事並不可恥，重要的是改正，以及日後如何避免。當然，這個時候也就格外感謝過去每個學期都蒙上帝保守，在期末考後短短的兩週時間，不僅要改完全部考卷（通常都超過六百份），並登記完調整後的成績——而且都不曾出錯。所以，前面那段漫畫裡面的對白，或許還可以加上一個回答：「做事蒙上帝保守看顧的人」。

寫於二〇一一・三・三

靈修｜筆記

所以，我親愛的弟兄們，你們務要堅固，不可搖動，常常竭力多做主工；因為知道，你們的勞苦在主裡面不是徒然的。（哥林多前書第十五章第五十八節）

# 上帝的保守II

週五天剛亮的時候，發覺身體不太對勁，除了身體關節感覺相當僵硬（不怎麼好動）而且酸痛外，似乎前一晚吃的東西都沒有消化——好像都靜止停在胃內不動；勉強起床後，還有很強烈的嘔吐感，也確實嘔出了一些液體。接著就只好回到被窩裡取暖，多休息。不過，這種身體狀態一直沒有改變，到了將近中午，看看身體實在沒辦法負擔下午的課程（不要說動腦筋上課，光是站著都沒辦法），只好通知系辦去教室公告「本週老師因病停課」。

生病、不舒服，當然不會是愉快的事情。這個痠痛現象，一直到週五傍晚以後，才逐漸緩和改善。到週六下午之後，已經完全沒有感受到那些症狀了（不然也沒辦法寄出這份聚會通知）。不過，轉念想想，來到高雄已經第八年了，「才」第一次因為身體健康的因素停課，真的要感謝上帝的厚愛啊！

這樣想想，縱然是看來平淡無奇的一天，其實都充滿了上帝的保守與祝福。或許就是因為「一如往常」，所以，才受到我們的忽略並認為「理所當然」，而完全沒有想到「平淡無奇」有何可貴之處。

寫於二〇一一・三・十四

## 靈修筆記

你看父賜給我們是何等的慈愛，使我們得稱為神的兒女；我們也真是他的兒女。（約翰一書第三章第一節）

昨天晚上從台北開車返回高雄，從台北市區經由快速道路進入第二高速公路，原本緩和甚至暫停的雨勢，忽然又開始下起「暴雨」，高速公路的車速普遍降低到六十公里左右。當時已經天黑，有些車輛還刻意點亮黃色閃燈，提醒後方車輛注意。雖然視線很差，畢竟車速不是很慢，收音機裡警察廣播電台播報的路況，除了說明哪些路段車速較慢之外，不時還傳來車禍的消息，讓這段雨中行車更加緊張。離開下雨的路段後，還有火燒車的事故消息（經過時，已經處理完畢），只能說，這真是一個驚險的夜晚。

人生又何嘗不像開車的過程，大家都希望天氣晴朗、路況良好，開車走來一路平安、順利、迅速地抵達目的地。不過，行車途中難免會遇到忽然大雨傾盆，不良於行，卻又不得不繼續走下去的時候。有時就算天氣宜人、路況良好，卻不免遇到擋在前面，以最低速限、甚至是低速到違規程度地擋在前進方向的「路隊長」——大家都在他後面排隊、減速、跟著慢慢走。我們無法改變天氣、無法改變他人的行車習慣、無法提醒他人違規……能夠做的，不過就是檢查、保養好自己的車輛、提醒自己遵守行車規則、提升自己安全開車的技術、改變自己的修養等等。

許多時候，我們都希望有更好的環境、更佳的夥伴，但是，與其把希望都寄託在不可控制的他人身上，何妨把眼光拉回到可以控制改變的自己身上呢？與其對別人失望，何妨對自己多點要求呢？

相較於期望他人，改變自己、提升自己似乎辛苦得多。不過，基督徒的幸福也就在這裡，因為我們不是倚靠自己的人，就是因為知道人的有限，所以才會更加倚靠神；就是因為體認到人的軟弱，才會降服在上帝面前。

所以，遇到不好的天氣、討厭的前車、糟糕的環境，甚至於是令人討厭的自己，請回到神的面前，向祂開口、傾訴、祈求。天父上帝不像人類會疲倦、會厭煩，祂喜歡我們與祂傾心吐意、與祂交心。

寫於二〇一一・七・二十八

**靈修筆記**

我的心必靠耶和華快樂，靠他的救恩高興。（詩篇第三十五篇第九節）

# 最大的敵人

生活中，總會遇到許多不合人意的狀況，例如身體會生病、工作或讀書遇到瓶頸、再或者遇到一些帶來麻煩的人……好像難得出現無憂無慮的狀況。

這些煩人的情境似乎不會因為認識上帝而消失。在我們最近查考的《撒母耳記》來看，自幼就認識上帝的大衛王，並沒有因為認識上帝就過著童話中常見的「幸福快樂」生活，即使登上全以色列國的王位之後，仍然要面對許多艱難的國事與家事。

人世間有苦難，在我們習慣性地想到是否具有什麼特別的意義、是否來自惡者的攻擊或是上帝「化妝的祝福」之前，不妨先想想：

- 雖然身體會生病，但是，自己有沒有好好照顧身體？例如規律的生活、均衡的飲食或適當的運動。
- 工作遇到困難，是不是自己拖延太久，或者是累積了太多的問題？
- 周遭的人帶來困擾，會不會是自己帶給周遭的人困擾？難道沒有人可以和所謂的問題人物融洽地相處？

苦難，有時候來自自己。自己永遠是自己最大的敵人。

沒有人希望活在苦難當中，但是怎樣去改變這個「江山易改、本性難移的」自己呢？那就只能倚靠鑒察人心的上帝了。

寫於二〇〇六・十一・三十

## 靈修一筆記

因為他心怎樣思量，他為人就是怎樣。（箴言第二十三章第七節）

## 很難堅持的時候……

這兩週為了準備搬進宿舍而整理宿舍房間。因為期中考的緣故，必須配合請來幫忙的學生的時間，所以，期中考試結束的這個週末，幾乎整天都在打掃宿舍。

事先當然有和學生先去宿舍看過，評估一下整理所需的時間。當時想到，因為窗簾都已經先拆下送洗了，主要的清理部分，除了累積油煙的廚房外，洗洗紗門、紗窗，還有一間因為鳥飛進來做窩要特別清掃一下，有三個人同時打掃，應該一天就夠了，快的話甚至只要半天。週六上午去買了清潔用品，下午開始打掃。不過，可能是房間空久了，油垢與灰塵超出預期，隱藏在各處的小孩貼紙，加上鳥與壁虎在很多地方都有留下痕跡，直到週日下午才算大致清潔完畢。

在清潔的過程中，有時候會想要馬虎一點，例如：書櫃、衣櫃頂上、日後會被櫃子擋住的牆壁，或者是其他平常很難看見的死角，反正不會被人看到上面的灰塵或壁虎的糞便等等；但是，這時會有很清楚的念頭出現在腦海中：日後要讓女兒生活在還有很多骯髒角落的空間裡嗎？！只是因為這個時候當父親的自己累了、想要偷懶？於是，很認命的繼續擦、繼續清（好久沒有打掃到這麼累了）。

在我們的生命當中，有很多時候，外在的環境並沒有任何改善，為什麼還能夠繼續堅持下去？或許就像這次打掃的時候一樣，有時只是因為腦中轉了一個念頭，就多了一分堅持。所以，很可能是人的內在想法轉變了。

下次，面對好的事情，卻很難堅持的時候，或許調適一下自己的心態，想想：如果這時上帝在我們旁邊、或者，為了耶穌的緣故在做這件事情，是否能夠多堅持五分鐘，直到完成。

寫於二〇一二・四・二十六

## 靈修一筆記

我們若將起初確實的信心堅持到底，就在基督裡有分了。（希伯來書第三章第十四節）

# 何等大的憐憫

✝耶穌上船的時候，那被鬼附過的人來求他，要和他在一起。耶穌不許，卻對他說：「你回家到你的親屬那裡去，把主為你作了多麼大的事，並他怎樣憐憫你，都告訴他們。」（馬可福音第五章第十八至十九節）

這週聯合聚會分享了前週各組所查的經文：格拉森的趕鬼神蹟（可5：1-20）。這段經文提供我們許多層面的教導與提醒：在教導方面，這段經文告訴我們「靈界」真實的存在、魔鬼有能力影響乃至於支配人、以及神的權柄勝過魔鬼的權勢。在提醒方面，這段經文告訴我們「靈」、「鬼」並不是我們傳統文化、民間信仰所描述那種態樣——並不是由過世的「人」轉變而來。

雖然我們並不像那位住在格拉森墳地的人，顯現出超人的力量（沒有人能捆住他、就是用鐵鍊也不能）、或是超自然的認知（在大家都不知道的時候，就能呼叫說：至高神的兒子耶穌）。但是，我們的內心世界，是否會有一塊如同格拉森人墳場的地方？有時候讓自己躲在那裏，成為躲避、隔絕旁人，乃至於神的「禁地」，並且在那裏自我傷害、甚至傷害旁人。不過，就算我們有時實質上就如同這位被鬼附的人，上帝又何嘗因此不理我們、不愛我們？祂依然保持莫大耐心，在我們願意回轉向祂的時候，就給我們一個大大的擁抱、緊緊抱住滿身污穢的我們。

所以，不需要理解什麼偉大的神學、不需要學習什麼特別的技巧，耶穌對這個人的吩咐，也就是對我們的吩咐：「你回家去，到你的親屬那裡，將主為你所做的是何等大的事，是怎樣憐憫你，都告訴他們。」

相信每個人身上，都有一個、乃至於許多個「何等大的憐憫」，可以和熟識我們的親友分享。

寫於二〇一四・四・二十八

靈修一筆記

## 林來瘋

今年二月在美國職業籃球場上吹起的「林來瘋（Linsanity）」，因為主角父母的關係，也吹到了台灣。雖然他目前的球技，還無法與大家耳熟能詳的職業籃球巨星，例如麥克喬登、魔術強森等人相比，但是，他的生命、信仰，卻不斷經由媒體而被傳播。

去年，當他還是個職業籃球的邊緣人、隨時都可能失去在美國打職業籃球機會的時候，就曾經來台灣藉由籃球活動傳福音。他的亞裔、華裔身分，或是台灣人稱羨的哈佛大學畢業學歷，都是美國職業籃球所排斥的成見；但是，他卻不是來台灣分享能夠進入美國職業籃球界的成功，而是分享他生命中的挫折，並且，是他熱愛的籃球所帶來的失敗。

在他的分享中，有一段非常好的見證與提醒：林書豪說，當他進入美國職業籃球之後，打球反而不再快樂，因為在上場後，他所想到的是：表現是否理想、是否會被下放發展聯名或被除名、是否讓球迷失望等等。因此，每次打球壓力越來越大、越來越痛苦，甚至會覺得不如不要進入從小夢寐以求的職業籃球圈。

這段分享引起我的共鳴：就在上個學期，有不少次進入教室上課時，內心都很痛苦，因為要面對教室裡面一些對課程沒有興趣的學生、程度不好的學生、為了點名而出現的學生，甚至還有無法掌握自己情緒、不懂自己在做什麼的學生。教學已經變成講台上下互相浪費時間、生命的活動：上課前無心準備上課內容，進入教室則是內心充滿無奈的消磨時間，就算口中還是可以迸出讓教室瞬間爆出笑聲的話語，但是，內心卻非常枯乾，有時甚至會想：給我一年、至少也是一個學期的休假吧，讓我好好放鬆、可以「忘記」這些惱人的狀況，然後重新再開始繼續慢慢「忍耐」下去。

那個進入夢想的職業籃球界，反而發現打球不再快樂的林書豪，後來的轉折在哪裡呢？在於他的信仰。他發現自己忘記生命中最重要的一件事：打球固然有樂趣，但是，打職業籃球，是在為上帝打球。當他開始為上帝打球，一切都交給上帝時，打球又再度成為一件快樂的事情，他不再計較每次的表現、不再擔心球迷的眼光、不再去想能否留在球隊……是的，我也忘記自己站在講台上教書所為何來，為了薪水、希望得到學生的讚美、享受被大家稱讚的感覺……但是，上帝呢？教室好像與上帝不再有任何的關聯。

上週，開學了。除了繼續瘋紐約尼克隊的比賽之外，林書豪提醒了一個重要的態度：進入教室上課，是為了什麼？於是我提醒自己，每次上課，講台下會有一位特別的旁聽者——我們的主耶穌就在教室的某處旁聽。這兩週，雖然還在調適面對開學的節奏，但是，不再無奈的走進教室，因為，人生能夠有幾次在上帝面前講課的機會呢？

願神祝福每位弟兄姊妹的工作。

寫於二〇一二・三・五

# 一日球迷？

✝有一個女人，患了十二年的血漏病，在好些醫生手中受了許多痛苦，又花盡了她一切所有的，不僅毫無起色，反而更加沉重。她聽見耶穌的事，就從後面來雜在人群中間，摸耶穌的衣服。因為她說：「只要摸到他的衣服，我就必痊癒。」於是她血漏的源頭立刻乾了，她在身體上感覺到病已經得了醫治。（馬可福音第五章第二十五至二十九節）

過去一週因為「棒球經典賽」，全台燒起了棒球熱。週五晚上在東京進行的中日大戰，過程曲折，比賽的教練球員固然大受煎熬，電視機前面的觀眾也一樣煎熬，據說還有人因此送醫，甚至不治。

有很多觀眾是所謂的「一日球迷」，但是，在比賽的幾天之中，看起來就像老球迷一樣的投入。雖然他們可能對於國家隊大部分的球員、乃至教練團都一無所知，更不要說球場上的戰術、甚或比賽規則了。

我們在面對上帝的時候，又是怎樣的狀況呢？彷彿看熱鬧的「一日球迷」？還是看球多年、深通門道的老球迷？又或者是因為各種原因不再看球的旁觀者？

最近在讀《馬可福音》第五章，這章記載了一個著名的神蹟（血漏婦人得醫治，二十五至三十四節）：

當時，有一位管會堂的人，因為自己女兒快死了，前來懇求耶穌前往治病。當耶穌答應前往之後，就有許多人跟隨移動、並擠在耶穌身旁。血漏的婦人就在這個當下出現，她心想「只要摸到耶穌的衣裳，她的血漏就必痊癒」。

回過頭想想，我們在教會聚會的時候，難道耶穌沒有在我們當中嗎？

答案如果是肯定的。當教會聚會的時候，我們不也是一群人擁擠在耶穌身旁嗎？不是如同這個神蹟的場景一樣嗎？擁擠在耶穌身旁的人，豈沒有人摸著耶穌的衣裳、甚至觸碰到耶穌？但是，除了《聖經》記載的這位血漏婦人之外，為何那時擁擠在旁的群眾、以及你我都沒有得到從耶穌那裡而來的能力呢？我們是以怎樣的心態來「親近神、敬拜神」呢？我們可曾心想「只要摸到耶穌的衣裳，我的身體就必痊癒、心靈就必飽足」？

如果前面的問題（聚會時耶穌是否在我們當中），答案是否定的，那麼，前往沒有耶穌的教會聚會，又是所謂何來呢？

願我們親近神的熱情，至少不要低於看球、或其他興趣的熱情。

寫於二〇一三・三・十一

# 上帝對你的計畫

「林來瘋」因為男主角進了手術房而暫停，無論在美國還是台灣，很多因為「林來瘋」而關心美國職業籃球的粉絲，大概也就跟著回復到原本沒有關心籃球比賽的生活。

「林來瘋」竄紅的時候，有不少人在問，為什麼沒有職業籃球隊在選秀中看到「豪哥」的能力與潛力。巧的是，去年下半年度有部引起討論的美國電影，電影原著的主要內容，其實就在探討類似問題，這部電影與原著同名，叫做「魔球（Money ball）」。

魔球並不是講投手投出哪種讓大家打不到的球，也不是在敘述哪個了不起的棒球選手；相反的，主角是一個經過選秀進入美國職棒，被球探們大聲說好的明日之星，可是，在同梯成為職棒明星時，這位主角卻選擇默默退出大聯盟的二線球員行列。然而，因為主角本身的經驗，以及當時球隊經理引進的觀念，主角開始尋找異於傳統觀念的思考模式，以數據分析（而且是異於傳統觀念的數據分析）取代球探主觀的經驗與感覺，因此，能夠以洋基隊三分之一的全隊年度總薪資，得到與洋基隊相同的季賽勝場數。

這本可以直譯為「錢球」的書，內容或許更適合成為經營管理的討論對象：怎樣經營才合乎邏輯、應當選取怎樣的數據作為經營參考、沒有現成的合理數據又應當怎樣去設計／得到合理參考數據。

當大家因為林來瘋而質問，為什麼沒有職業籃球隊在選秀中挑選林書豪的時候，有媒體翻出過去某球隊有機會在選秀中挑選號稱「籃球之神」的麥克喬登，卻選擇了一位後來未能成名的中鋒，成為當年的選秀狀元；即使麥克喬登在大學時期的籃球場上表現，在數據上都相當突出。各行各業都有喜歡憑藉經驗、感覺（至少，美國職業籃球與棒球都有實例），而忽略客觀數據（這裡當然是指合理、有效的數據）的趨向。

因此，當我們感覺沒人能夠發掘、欣賞自己優點的時候（甚至這些優點都有客觀上的證明時），不妨想想，每年為了挑選選手灑出幾千萬美元的職業運動球隊（單一球隊可能就要花掉這麼多），每年因為「視人不明」而浪費掉多少金錢，就不要覺得奇怪了。因為無法正確認識他人才華的現象，在人類社會中，似乎是「正常的」。相反的，如果能有認識、發掘自己能力的老闆，或是認同自己而發揮能力的工作環境，那就真的要感恩與珍惜了。

不過，天上的父與世人不同。上帝並不使用各種數據的統計表，因為上帝認識每個人的內心、對每個人的人生都有計畫。無論現在身處個人才幹被埋沒或充分發揮的位置，都請記得，上帝知道你的一切優缺點，上帝不僅欣賞你的優點，也同樣喜歡你的缺點；更重要的是，上帝在你的身上，有他人無法取代的計畫，因為，你是獨一無二的，是各種統計數據無法表現出來的。

願大家都能在工作崗位上，充分發揮被忽視的、沒有被恰當評估的、無法估算的各種能力。

寫於二〇一二・四・九

# 人生的分歧點

✝耶和華是我的避難所；你已將至高者當你的居所，禍患必不臨到你，災害也不挨近你的帳棚。因他要為你吩咐他的使者，在你行的一切道路上保護你。他們要用手托著你，免得你的腳碰在石頭上。（詩篇第九十一篇第九至十二節）

對於許多畢業生來說，五月分——在所有的研究所考試都已經放榜之後，感覺上，就如同畢業一樣，要開始面對畢業後的下一個階段。但是，學生真的已經準備好要面對下一個階段，或者說，知道下一個階段和以往的經驗截然不同嗎？

今年本校似乎是最後舉行研究所入學考試的幾間學校之一，對於許多學生來說，本校也就是他們最後的機會。

我今年是大學部畢業班的導師，在本校放榜的前一天，在學校BBS的班板寫了一篇短文，提醒這班畢業生：研究所考試並不是大學或人生的終點，並且請這些準畢業生們——絕大部分目標放在公務員資格考試的學生——依照原本的人生規劃，回復生活節奏，繼續朝向目標前進，並且達成目標。

有位學生事後跟我說，看了那篇文章之後，覺得原本慌亂的情緒消失了，可以安靜下來恢復生活步調。這位同學有考上本校研究所的備取，雖然名次不算後面，但是，備取到的機率並不高。

面對人生的分歧點，老師可以依據經驗閱歷讓學生減少困惑、避免迷失。而我們在人生的旅途中，並不可能時時刻刻都會有老師跟在旁邊耳提面命、時時提供諮詢意見，那麼，指引我們的人在哪裡？我們又應該從怎樣的觀點來思想呢？對於這個問題，《聖經》不只提供了解答，而且還是非常親切的解決方案，如詩篇所示：「耶和華是我的避難所；你已將至高者當你的居所，禍患必不臨到你，災害也不挨近你的帳棚。因他要為你吩咐他的使者，在你行的一切道路上保護你。他們要用手托著你，免得你的腳碰在石頭上。」

——專屬的使者、保護遍及一切道路、而且保護到避免因為碰觸石頭而受傷的地步……人間應該沒有更為親切的解決方案了吧。

寫於二〇〇九・五・二十一

靈修筆記

新鮮人的問題

或許因為是期中考週以及大學首次面對考試的緣故，上課的時候，出現大一學生詢問如何準備期中考的情況，這裡說說學生提出的兩種問題。

第一種情況有點好笑，學生想要問我「民法」課程的問題，但是，我擔任的課程是「刑法」。當然，學生的想法直接又單純：「老師，你以前也有學過民法，而且我們才大一、這些應當是剛入門的基本問題，你一定會。」不過，這就好像詢問教授「動物學」的老師，有關「植物學」的問題；或者如同詢問「神經內科」醫師，有關「婦產科」的問題一樣……就算以前有學過，甚至以前唸得很好，但是經過相當長時間沒有接觸、複習，大部分的內容早就已經忘光了。

第二個問題，看起來或許沒有那麼艱難，學生問說：「考古題對於考試有幫助嗎」。通常大家會立刻表示，考古題對於考試的準備是很有幫助的。不過，當下我多想了一下，然後反問這位大一學生說，如果他回到以前就讀的高中，學弟妹問他「學長，考古題對於考大學有幫助嗎」，他會怎麼回答；在學生回答後，我又問他，如果他看到，問他這個問題的學弟妹，寫了一堆考古題，卻不知道自己的答案都是錯的，考古題對於他的學弟妹有沒有幫助？

面對考試，我們都會「聰明的」知道要找「正確的」對象詢問、要使用「有效的」準備方式；不過，當我們面對人生、生命乃至於永恆的時候，是否找對了詢問的對象、是否採取了有效的方式呢？

**寫於二〇一〇・十一・十五**

**靈修筆記**

有一件事，我曾求耶和華，我仍要尋求：就是一生一世住在耶和華的殿中，瞻仰他的榮美，在他的殿裡求問。（詩篇第二十七篇第四節）

# 基督徒老師

七月初腳趾頭指甲意外受傷之後，感謝弟兄姊妹的關心以及陪同前往醫院換藥（右腳因為疼痛無法踩踏油門、煞車），那真是一段有如接受酷刑的日子。其中有一天，是秀梅姐陪同前往醫院換藥。換好藥後，在返回學校的途中，兩人聊到醫院、基督教醫院，應當提供怎樣好的服務等等事情的時候，忽然話題一轉，變成了老師、基督徒老師。

提供學生良好的上課品質，讓學生感受到老師在教學上的準備、投入等等，當然是一個好老師。不過，身為基督徒的老師，如果在這些之外，並沒有其他的「特色」，似乎也只是一位「好老師」而已。這當然不是說不好，而是當天思考到這樣的問題：基督徒老師，在「好老師」之外，究竟還有怎樣不一樣的地方？還是說，基督徒老師，與和所謂的「好老師」並無不同。

我們常說，基督徒有不一樣的「生命」。那麼，基督徒老師又會流露出怎樣不同的「生命」、表現在哪些方面呢？在那之後，經過將近一個月的時間，還沒有想出什麼具體的內容。

或許，我們可以在暑假當中，思索一下這個問題。（歡迎自由討論）

寫於二〇一〇・八・十九

## 靈修筆記

盜賊來，無非要偷竊，殺害，毀壞；我來了，是要叫羊（或譯：人）得生命，並且得的更豐盛。

（約翰福音第十章第十節）

下午，在法學院一樓和管理學院的某老師閒聊。這時，來了一位友系老師與同系畢業多年的畢業生，因為和這位學生很熟，所以問了聲「今天怎麼會回來學校」。這位畢業生目前在保險業工作，因為要跳槽到另一間保險公司，所以返校申請大學成績單。學生說，業界只有這家要大學成績單。友系老師順口就說，大學成績還是要給寬鬆一點，這時候才會有好看的成績單。不過，我跟這位學生說，畢業後應該可以體會，大學念書還是老師逼得嚴格一點，才會學到東西吧。這位畢業生說，畢業後才體會，課程逼得緊一點、當得兇一點，真的有差。

好吧，這裡不是要討論「成績鬆緊與學習成效」的關係。而是要說，我們看事情的時候，總有許許多多不同的角度；這些角度的背後，則是有著個別價值觀的差異。有人會說，為了鼓勵學生、製造成就感、促進主動學習，成績不要太嚴格。當然，也有人說，知道學科要求嚴格，學生會投入較多的時間心力、努力拼及格的成績，促進學習的成效。從理性上來說，兩種說法都言之成理，各自擁有支持的老師與成功案例的學生。所以，大學老師要採取哪種立場，還真是屬於「教學自由」的範疇，旁人無從置喙。

父母管教子女也是一樣，每個家庭都有不同的理念、父母與子女之間也有不同觀點，所以有人說這樣的教育方式好、有人說那樣管教方式佳。對於人生的態度，又何嘗不是如此呢？有些人選擇及時行樂、有些人則選擇未雨綢繆。

同樣的，如果我們認為：人是由上帝所創造，被創造的人永遠都不會成為創造的上帝；上帝又對人類設立了行為標準，人在世間度過一生之後，要向上帝交差。那麼，我們對於人生又會採取怎樣的態度呢？

寫於二〇一四・四・十四

靈修｜筆記

二〇一三・十二
張南驥教授福音講座

你們要依從那些引導你們的，且要順服；因他們為你們的靈魂時刻警醒，好像那將來交帳的人。你們要使他們交的時候有快樂，不致憂愁；若憂愁就與你們無益了。（希伯來書第十三章第十七節）

# 願意認錯的女兒

上週監考結束後，全家返回台北處理一些事務。因為有小朋友同行，所以需要攜帶旅行箱來裝小朋友的物品，加上大人的提袋，東西就不少了。前往左營高鐵站，有自己的汽車；到了台北下車，就直接在車站地下層換搭計程車。不過，返回高雄時，就必須先呼叫計程車了。

過去曾搭過一位服務親切的司機所開的車，或許是休息未營業吧，手機一直沒人接。於是拿起家中的市內電話，撥打給其他車隊，就在這個時候，女兒來了，而且就在電話後方——電話線與牆上電話接頭連接的地方玩起來了，趕也趕不走。電話接通後，正在講派車地址的時候，女兒把接頭從牆上扯下來了（可能是腳踩到吧），電話就這樣斷掉了。這下只能先把電話線接好，重新撥號了。

闖禍的女兒發現苗頭不對，立刻就哭著跑去媽媽身旁躲起來。

接下來，當然是要教導女兒剛剛做錯了什麼事情，除了認錯，希望她能學到「要聽父母的話」、「不要刻意違反父母告誡她的事情」。不過，女兒就只有大哭，什麼都不聽。

返回高雄後，經過媽媽的開導，女兒在洗澡後，在媽媽的陪同下來跟我說：「爸爸，對不起。」當我詢問：「為了什麼事情要和爸爸說對不起呢？」或許是害羞吧！還刻意要媽媽走開。當她說是為下午的事情道歉後，和女兒說：「下次要聽爸爸的話，不要再這樣囉！」女兒點點頭。

接著和女兒說了一小段，在她說不出要為什麼事情道歉時，所想到的事情：「只要妳道歉，爸爸就會原諒妳。因為我們向天上的爸爸道歉，他也一樣會原諒我們。」

認識錯誤、承認錯誤、開口道歉，是自認很重要的功課，其實也是很難的功課，有多難呢？上帝在當天晚上的夢裡，就讓我體會了一下：晚上夢到自己在學校提早了二十分鐘下課，然後有兩位熟識的本校老師跟我說：「某天怎麼提早下課？」接著自己在夢中不斷提出各種理由來為自己辯解，完全不認為那是一件錯事。第二天醒來後，才發現上帝透過這個夢，讓我知道，原來在要求女兒做自己做不到的事情啊。第二天特別抱著女兒說：「好棒，願意認錯。」

我們是否願意在上帝前面承認自己得罪祂的地方呢？

寫於二〇一五・二・十二

## 靈修一筆記

我們若認自己的罪，神是信實的，是公義的，必要赦免我們的罪，洗淨我們一切的不義。（約翰一書第一章第九節）

# 自我中心的思考模式

從到校任教以來，幾乎都由自己監考校內的學期考試。六月期末考時，「發現」一位可能是首次在教室裡見面的學生，在他交卷後，和他說：「無論將來是否會繼續留在這個系就讀，都該先把這裡該學、該念的，先念好。」其實這是自己大一轉系前，一位學姊曾經和我說過的話。

很意外的，這位學生後來用電子郵件找我，想和我聊聊。七月初約在職務宿舍門口碰面後，開車請這位男同學去麥當勞吃早餐，邊吃邊聊。這位學生問我：「法律在學什麼？有什麼用？」聽到問題後，就先跟學生說，上學期他從不出席的法學緒論課程，就有講述他所詢問的問題。

然後說，有人說法律在學習思辨、思考的方法，但是，那是鬼話。因為大學所有的學系，都在教這些內容，只是不同的學院、學系，各自有不同的思惟方式。特別說這個的原因，是因為有的老師喜歡吹噓這種說法，藉以突顯法學似乎擁有其他學門所沒有的獨特內涵。

其次，才跟學生說，法律只是社會眾多規範的一種；至於規範的意思，則是人類社會生活中的行為舉止標準。法律所學的，只是由國家強制遵守、奉行的行為規範。然後，以目前有效適用的法規範為主，學習法規範的體系、規範的內容與意義，以及各種法領域的操作、運用方法等等。人類社會按照各種明／暗規矩在運作，因此，任何領域都需要懂得規矩、能夠運用規矩的人，所以才會說什麼領域都需要懂得法律的人。

學生聽進多少、產生什麼影響，不是我所能知道。只是這學期的必修課，在似乎只有來參加期末考的狀況下，這位同學以非常低的成績，得到「再來一次」的結果。

這兩年授課時，發現活在自己想像世界的小孩慢慢多了起來。學生自認程度好得不得了，來不來上課沒差；上課教的東西很簡單，他都會，不需要來教室浪費時間；老師出的考卷內容、配分，是不恰當的；老師當掉他，是歧視、偏見、不公平……老師不懂教育、老師是個變態。

對於我們來說，其實有個類似這些小朋友的問題：我們與神相處，待「神」處事、應對進退又應當依據什麼標準呢？按照我們自己的感覺或想像，「我們認為」是好的、是對的呢？還是依據「神吩咐的」標準呢？

學校裡的學生，反應出人類習慣的：以人類/自我為中心的思考模式。相對的，神所啟示的《聖經》，又是怎麼說的呢？在以色列人出埃及後，百姓向當時領導以色列的先知撒母耳說，他們要像鄰國一樣，有個王來領導他們，然後經過這樣那樣之後，終於出現了以色列的首位國王：掃羅。（如果腦中浮現的答案是大衛或所羅門，請記得每天要多讀點《聖經》，哈！）

在某次掃羅王並未遵從上帝藉由先知撒母耳的吩咐後，撒母耳對掃羅王這樣說：「耶和華喜悅燔祭和平安祭，豈如喜悅人聽從他的話呢？聽命勝於獻祭；順從勝於公羊的脂油。悖逆的罪與行邪術的罪相等；頑梗的罪與拜虛神和偶像的罪相同。你既厭棄耶和華的命令，耶和華也厭棄你作王。」（撒上15：22-23）

與神相處、與神同行的標準，究竟以「誰」為準，上面的經文應當說得非常清楚了。同樣的，所謂「是非對錯」、「好壞」的標準，人類與上帝每次都會站在同一邊嗎？當人與上帝站在不同邊的時候，又應當以「誰」為準呢？

寫於二〇一五・七・二十三

靈修｜筆記

## 靈修｜筆記

但願我行事堅定，得以遵守你的律例。我看重你的一切命令，就不至於羞愧。（詩篇第一一九篇第五至六節）

豐盛的生命

✝賊來了，不過是要偷竊、殺害、毀壞；我來了，是要使羊得生命，並且得的更豐盛。（約翰福音第十章第十節）

隨著年齡的增加，每個人都會累積許多「經驗」。當我們過去擁有良好經驗的時候，面對類似的事情，除了沒有壓力、得心應手之外，是否也比較聽不進去旁人的勸告呢？

《舊約》裡面有這樣一個故事（詳見《列王紀下》第五章）：亞蘭國元帥乃縵為了醫治身上的皮膚病，前往北國以色列拜訪先知以利沙。面對這位戰功顯赫的元帥造訪，先知不僅沒有鋪紅毯、列隊歡迎，甚至連面都不見，只是派個人到門口跟這位元帥說：「你去在約旦河中沐浴七回，你的肉就必復原，而得潔淨。」當時亞蘭國的國勢遠比以色列強盛，乃縵很自然地認為，本國的河流要比以色列的約旦河更好；更何況，先知的處理方式，和他想像的差太多了，應當是先知「出來見我，站著求告耶和華——他神的名，在患處以上搖手，治好這大痲瘋。」不過，對於乃縵的病情，他的經驗與想像並沒有任何助益，當乃縵照著先知的話照做之後，「他的肉復原、好像小孩子的肉」。

經驗，尤其是好的經驗，固然讓我們擁有自信，但是，是否也會成為我們日後面對類似事情的絆腳石呢？畢竟，世上沒有完全相同的事情，事情之間總是多少有著大大小小的差異，如果只是仗勢著過去的美好經驗，過去的成果恐怕將會成為今日的陷阱；甚至在這次跌倒之後，不再記得過去曾經有過的美好。所以，請倚靠上帝每天更新我們的生命與思想，不要停留在過去的自我經驗之中，因為耶穌來「是要叫人得生命、並且得的更豐盛。」（約10：10）讓我們獲得不斷更新的新生命，而不要留戀、停滯在應該釘死在十字架上的老生命中。

寫於二〇一二・十・八

**靈修筆記**

這些事都已聽見了，總意就是：敬畏神，謹守他的誡命，這是人所當盡的本分。（傳道書第十二章第十三節）

# 審判有定時

✝我又見日光之下，在審判之處有奸惡，在公義之處也有奸惡。我心裡說：神必審判義人和惡人，因為在那裡，各樣事務，一切工作，都有定時。（傳道書第三章第十六至十七節）

本週四中午是農曆年後的首次聚會……年初一晚上，本來想騎摩托車載著二姪女去永和樂華夜市逛逛，不過，當天晚上的台北飄著細雨，於是改換成刻意開回台北的汽車。雖然汽車不怕下雨，在濕冷的台北夜晚還提供舒適的暖氣，但是汽車需要的停車空間遠比摩托車大得多，在夜市周圍轉了兩圈還是找不到停車位，於是就換地方囉。所幸車上帶著GPS，最後幾經波折，開到了並不熟悉的松山饒河街夜市，總算碰到一個有開市、而且有停車位的地方。

回家途中，想說幫家裡帶點宵夜回去，於是在回到永和之後，找到過年仍然營業的路邊攤，買了一些東西帶回家。不過，買東西的時候已經把汽車開進了巷子，所以還要繼續在巷子裡面轉兩個彎才能回到較大的馬路上。

轉進另一個巷子之後，遠遠就發現巷內開車最討厭的狀況——前方有兩輛車要會車。和我同方向的車，駕駛似乎剛剛才上車，而且調整位置之後，又下來拿了東西再上去。總算，這輛車開走了，接下來就換我囉，除了調整汽車位置之外，我也在注意對向的計程車是否要先過。就在我看到對方司機授意要我先過的時候，計程車後座的乘客突然開車門下來了……

這個舉動當然引起大家的注意，所以我也就停下來了。結果，這位乘客下來以後，冒出一堆相當本土的「發語詞」，然後才是「你到底要不要過？！」

那個會車過程，我花的時間遠比前一輛要少得多，如果前車都不需要挨罵，不知道我為什麼要面對那段「發語詞」。當下雖然是很迅速的開車離開，但是心裡面卻一直忿忿不平：為什麼我要在年初二凌晨，被一個不開車的乘客在馬路上謾罵呢？（當時很想下車對罵或對打）

當然，很快的反省是自己的修養太差。不僅沒有任何理由需要對這件事情耿耿於懷，而且就算當時下車罵贏對方、甚至動手打贏對方，也沒有任何意義。可是，這個不愉快就一直卡在心裡，直到返回高雄之後，上帝透過《傳道書》第三章：「我又見日光之下，在審判之處有奸惡，在公義之處也有奸惡。我心裡說：神必審判義人和惡人，因為在那裡，各樣事務，一切工作，都有定時。」給了非常清楚的提醒：難道現在的自己是這樣的短視——忘記了萬事最終的審判是在哪裡？忘記了凡事背後都有上帝美好的旨意？忘記「萬事都互相效力，叫愛神的人得益處」？

經由神話語的提醒，這個挨罵忽然變得很有意義。因為這個陌生人是在替上帝開口說：「你到底認不認識上帝、你和上帝是怎樣的關係」，讓我猛然驚覺自己與上帝的距離，竟然是如此遙遠。氣消了、不見了，被一份對於上帝的感謝所取代。

嗯，罵得好。

寫於二〇〇九・二・五

靈修｜筆記

## 靈修一筆記

萬物的結局近了。所以，你們要謹慎自守，警醒禱告。最要緊的是彼此切實相愛，因為愛能遮掩許多的罪。你們要互相款待，不發怨言。各人要照所得的恩賜彼此服事，作神百般恩賜的好管家。（彼得前書第四章第七至十節）

# 上帝熱線

這週有這樣一則新聞，摘要如下：

荷蘭・格羅寧根鎮於二〇〇九年三月進行一場為期六個月的藝術展覽，以影音方式呈現一九七〇年代以來荷蘭感知宗教方式的變革。荷蘭概念藝術家范德東設計了一個手機號碼，撥通後會聽到以下留言：「我是上帝。我現在沒辦法接聽你的電話，請留言或稍後再撥，或許到時候會有人接電話。」

手機開通後，民眾反應令范德東非常訝異，電話整天響不停，留言多到算不清。范德東表示，留言是上帝與撥話者之間的秘密，留言內容並不會出現在展覽中。

有人批評，「上帝熱線（God's Hotline）」根本就在嘲諷有宗教信仰的人。不過范德東表示，他只是想藉此作品展現上帝無所不在的概念。（原新聞出處：鄭寺音，〈想找上帝嗎？請打+31（0）644244901〉，《自由時報》，二〇〇九年三月九日。）

這位藝術家反應了一般人對於上帝所慣用的思考模式：以人所在的現實環境，以及人類所擁有的知識，去揣測上帝的能力、上帝的反應。

使用手機，不僅需要有機器，還需要申請門號。使用的時候，原則上一個門號接聽一線訊息；即使設有「三方通話」功能，也不過是一個門號能夠同時接上兩線訊息。但是，和上帝通話（禱告），不僅不需要機器或門號申請，上帝更可以同時和許許多多的人連線接聽，全年無休之外，還不收通話費。門號、留言、手機，對於上帝來說，都是「過時已久」的人類技術。更重要的是，上帝並不僅止於是一個單向聆聽講話的對象而已，否則，每個基督徒都只需要童話故事裡面理髮師傾訴秘密的那棵樹，然後對著樹說「國王是個驢耳朵」就足夠了。

使用人類科技來展現上帝無所不在的性質，是否反而將上帝侷限於人類科技與想像力呢？

**寫於二〇〇九・三・十二**

**靈修筆記**

《聖經》都是神所默示的，於教訓、督責、使人歸正、教導人學義都是有益的，叫屬神的人得以完全，預備行各樣的善事。（提摩太後書第三章第十六至十七節）

# 與主相連

✝ 你們要常在我裡面，我也常在你們裡面。枝子若不常在葡萄樹上，自己就不能結果子；你們若不常在我裡面，也是這樣。我是葡萄樹，你們是枝子。常在我裡面的，我也常在他裡面，這人就多結果子；因為離了我，你們就不能作甚麼。（約翰福音第十五章第四至五節）

上個週末回台北。然後從老家騎摩托車出發，前往市區某圖書館影印資料，騎車過橋跨越新店溪進入台北市。正當摩托車在橋上前進時，忽然聽到一個奇怪的聲音，原來是插在車上的那串鑰匙中，出入自家大樓地下室鐵捲門的遙控器，竟然因為與車身碰撞，外殼就這樣碰開了。裡面的電路板、電池、按鈕等等，掉滿在機車的前腳踏板上。

大馬路上當然不能立刻停車，但是又擔心零件掉在路上找不回來，只能儘快將摩托車停在路旁，然後趕快開始組裝那個遙控器。嗯，運氣還不錯，零件全部都掉在車上，雖然花了一點時間，還是順利將遙控器重新組裝好了。

整件事件過程很簡單：鑰匙當中的遙控器，因為與車身碰撞，結果外殼被碰開，裡面的零件都掉了出來；後來因為零件齊全，所以又組裝回來。

不過，面對這樣的事情，情緒上的反應與想法，就可能會有各種差異了。

就我自己的反應來說，從零件掉出來，一直到重新組裝好遙控器，腦袋只有一個很簡單的反應：「怎麼這麼倒楣」。遙控器和其他鑰匙插在車上，已經好幾年了，從來都沒有發生過這樣的事情，還要停在路邊耽誤時間組裝，組裝時還不知道有沒有掉了什麼零件。

直到影印完資料的回家途中，腦袋的反應已經轉變成：「感謝上帝的保守」。在摩托車的行駛當中，忽然碰開的遙控器，竟然沒有缺少任何一個零件，這怎麼會是倒楣呢？這實在是好運氣啊，竟然沒有開口感謝上帝，反而說自己倒楣？！

事實是一種存在的現象，無論你看、我看，那個現象都是一樣的。不過，面對事實的感受與反應，每個人不僅可能有所不同，甚至可能相去甚遠。記載在《舊約聖經．創世記》裡面的約瑟（詳見《創世記》三十七章以下），被親兄弟出賣——賣給他人作為奴隸，後來甚至還被關進埃及法老的監獄。面對這樣的現象，你、我會怎樣詮釋、做出怎樣的反應？《聖經》沒有記載約瑟遭遇這些倒楣事情當時的內心想法，更沒有記載上帝何時向約瑟顯現、解釋為何會允許這種人倫悲劇發生在他的身上。但是，日後約瑟在面對那些出賣他的兄弟時，卻親口說出：「不要因為把我賣到這裡自憂自恨，這是神差我在你們以先來，為要保全生命。」約瑟口中說出的，是如何從神的角度來看待發生在他身上的事情。

在我們的生命當中，一定會不斷的發生、遭遇到各種各樣的許多事情。問題是，要怎樣解讀？怎樣反應？是以我們的心意作標準？還是以世人的觀感作標準？凡事都順我們的心意，符合社會上的觀感，才是一帆風順、萬事如意？又或者是以上帝的眼光作為標準呢？

想想以世人的標準來看，過去有不少擁有高學歷、受過專業訓練的人，前往所謂「未開化」的地方去傳教，例如十九世紀的許多歐美傳教士前往亞洲、非洲等地宣教，有些人甚至還沒抵達目的地就已經病死了。要怎樣解釋這些人的遭遇？是要咒罵上帝無眼、狠心？還是感嘆、讚美這些人忠於理念？

所以，常常與主相連，學會從上帝的眼光來看待世事。耶穌說：「你們要常在我裡面，我也常在你們裡面。枝子若不常在葡萄樹上，自己就不能結果子；你們若不常在我裡面，也是這樣。我是葡萄樹，你們是枝子。常在我裡面的，我也常在他裡面，這人就多結果子；因為離了我，你們就不能作甚麼。人若不常在我裡面，就像枝子丟在外面枯乾，人拾起來，扔在火裡燒了。你們若常在我裡面，我的話也常在你們裡面，凡你們所願意的，祈求，就給你們成就。」

葡萄枝，應當從與其相連的葡萄主幹來看待自己的狀況，結出好的葡萄；而不是忘記與自己相連的葡萄主幹，反而以椰子樹的立場看待自己，這樣，會結出什麼奇怪的果子呢？

當我們與主相連，體會神的意思，能夠從上帝的角度看待事情的時候，這樣對神所發出的禱告，就不再是以我們立場所發出的禱告（或許應該說，那些是我們對於上帝的命令），而是合神心意的禱告，所以就會「凡你們所願意的、祈求就給你們成就」。

感謝上帝敲開我的遙控器，帶來本週的分享。

寫於二〇〇九・九・三

靈修一筆記

# 隱密的事

✝隱祕的事，是屬耶和華我們上帝的。（申命記第二十九章第二十九節）

最近，各種媒體版面塞滿了颱風（註）豪雨成災的新聞。這個全台引頸而盼，期望能夠解除旱象的颱風，確實用短短的兩三天就徹底解決可能即將開始的全台停水、限水危機；不過，卻帶來了遠遠超乎我們想像的雨水量，更落在事先沒有想到的地區，不只帶來四處奔騰造成潰堤的洪水，同時還大力沖刷山區並帶下滾滾砂石。

在傷痛同胞的苦難、提供各種能力範圍內的援助時，很容易產生這樣的想法：為什麼上帝允許這樣的災難發生？難道上帝不愛世人嗎？

上帝為什麼允許人間發生這些悲慘的事件，不是智慧有限的人類可以瞭解的。想想一件極度「微小」的事情：人類無法瞭解為什麼世上會存在帶來疾病的病毒，更不知道為什麼特定病毒會在特定的人身上引起無法醫治的疾病（或許能夠說明可能的傳染途徑），造成令人傷痛的死別。到了極度「廣大」的領域，人類同樣無法瞭解宇宙中的龐大質量與能量又是從何而來。

我們既然無法瞭解，就更沒有解釋原因的資格。所以，不要輕易就以審判者自居，說這些事情是上帝審判的結果、或者說是上帝的警告，更不要拿出「化妝的祝福」這種教會專門術語來傷害實際遭受災害的人。

對於這次沒有遭受災害的人來說，或許可以思考三個層面：

一、感恩。感謝上帝保守沒有發生任何不幸。

二、反省。我們是否「真的」關心同樣生活在這個島上的同胞，無論他們是否與我們相信同樣一位上帝，在颱風來臨之前，是否誠心為著這塊土地禱告、為著許多人的安全禱告。即使過去從來沒有這樣做，日後，讓自己多一點熱誠來真心誠意的禱告。

三、愛的行動。在颱風之後，有機會的話，讓災民感受到一份發自內心的溫暖與關懷。

如果不幸因為這次颱風而受到災害，或許應該先想到，自己信靠的上帝，是位怎樣的上帝。《聖經》上是這樣來描述：

「耶和華啊，尊大、能力、榮耀、強勝、威嚴，都是你的；凡天上地下的，都是你的；國度，也是你的；並且你為至高，為萬有之首。豐富尊榮都從你而來，你也治理萬物；在你手裡有大能大力；使人尊大、強盛都出於你。」（代上29）

這是對上帝有相當認識的大衛所歌頌的內容。當我們相信並接受，上帝是全知、全能的創造主時，就應當能夠理解，上帝當然知道這些災難，並且還主宰掌控全部狀況，可是，《聖經》上也說：「隱祕的事，是屬耶和華我們上帝的。」（申29：29）

背後隱密的原因，除非有上帝的啟示，否則並不屬於我們所能窺探的範圍。而且，就算知道背後的原因，既不能挽回已經發生的損害，也不能因此減少心中的傷痛。那麼，難道我們只能忍氣吞聲承受打擊嗎？不是，而是要想到，掌握全部狀況的上帝會對這件事情負責，只是祂的負責方式，不是現在的我們所能夠理解。

這時，或許也要回頭想想，我們對於上帝的信靠，是建立在內心的感覺、有求必應的祈求，還是建立在上帝許諾的話語上？請思考上帝許諾我們的，是這樣：

一、隨時同在

「因為無論在那裡、有兩三個人奉我的名聚會、那裡就有我在他們中間。」（太18：20）

二、隨地引領扶持

「我往那裡去躲避你的靈，我往那裡逃躲避你的面。我若升到天上，你在那裡；我若在陰間下榻，你也在那裡。我若展開清晨的翅膀，飛到海極居住。就是在那裡，你的手必引導我；你的右手，也必扶持我。」（詩139：7-10）

但是，請留意，上帝從沒許諾過：信上帝者，不遭災厄、長命百歲、財寶無數、諸事亨通……

最後，無論自己的狀況如何，都一定有為他人開口禱告的能力，而且有為他人祝福的權柄。所以，各位弟兄姊妹在看完信後，請低頭、閉眼，為災區遭受苦難的人祈求身心平安，為各種救災隊伍祈求智慧、體力、安全、迅速與健康，為災區物資與金錢的分配祈求及時、有效、迅速與平均。

註 二〇〇九年八月中度颱風莫拉克（Morakot，泰國命名，意為綠寶石）侵襲台灣，造成超過六百人死亡之「八八水災」，損失規模超過五十年前（一九五九）著名的「八七水災」。

寫於二〇〇九・八・二十

靈修一筆記

# 為主做見證

✝不從惡人的計謀，不佔罪人的道路，不坐褻慢人的座位，惟喜愛耶和華的律法，晝夜思想，這人便為有福。（詩篇第一篇第一至二節）

二〇一〇世界盃足球賽正在全球引爆熱烈的關注，傳統強隊巴西隊有這樣一則新聞，整理後與各位弟兄姊妹分享：

巴西足球國家隊，位置為後衛的盧西奧（Lúcio），擁有後衛通常不具備的細膩腳法，以及永不服輸的精神氣質。在比賽中經常突然加速帶球殺到前場，連續突破對方球員，是巴西過去在二〇〇二世界盃封王的功臣之一。不過，在比賽後，不管輸贏，他總是與隊友將「耶穌是主」的福音分享給在場觀眾，讓人印象深刻。

巴西在二〇一〇年世界盃國家隊中，有七位基督徒球員，共同特色就是喜愛與球迷分享福音。在比賽後，經常將印有「耶穌愛你」的T恤展現給現場球迷，與球迷共同分享勝利喜悅。盧西奧不管輸贏，都會將「耶穌愛你」T恤大方秀出，因為他認為「不管順境逆境，都應當將榮耀歸給耶穌。」

曾經三度參加世界盃的盧西奧，在接受訪問時表示，他最喜愛《聖經》詩篇第一篇：「不從惡人的計謀，不佔罪人的道路，不坐褻慢人的座位，惟喜愛耶和華的律法，晝夜思想，這人便為有福。」

過去是教練眼中頭痛、不受管教的拼命三郎，現在誠如他自己所言，「認識耶穌之後帶給我生命巨大改變，之前我不受管教、沒有自信，現在我是個有目標的人，因為我跟從了耶穌。」因為耶穌，讓球場上的浪子，轉眼間變成溫馴的綿羊，也為上帝做了最美好見證。（原新聞出處：莊瑞萌，〈巴西封王猛將盧西奧　愛宣傳福音〉，《台灣醒報》，二〇一〇年六月十七日。）

願我們每個人都能因為福音活出美善的生命，並且在我們的工作上、生活中，如同這位巴西球星，為上帝的福音做出美好見證。

**寫於二〇一〇・六・二十四**

靈修　筆記

# 凡那比風災

✝若不是耶和華建造房屋，建造的人就枉然勞力。若不是耶和華看守城池，看守的人就枉然儆醒。（詩篇第一二七篇第一章）

這週應當是首次在學校遭遇重大天災後的聚會。

中度颱風凡那比（Fanapi，本名稱僅使用一次即除名），應當是本校創校以來所遭遇過的最嚴重天然災害〔註〕。過去最常見的：校園內樹木、路燈、工程圍籬等的傾倒，不再是大家關注的災情。從未發生過的兩棟大樓地下室積水，成為網路、媒體上的話題，也成為學校本次風災的表徵。

光鹽社能夠做的，不是發表與風災有關的記敘文、抒情文或專業論文，而是更深、更迫切的祈禱。學校的硬體、學校的人事、學校的行事風格等等，樣樣都需要我們的禱告。再者，我們的弟兄姊妹，有身體疾病需要代禱；因為颱風，有研究受到影響、財物受到損害、心情受到打擊等等的各種情況，樣樣都需要我們的禱告。

詩篇上說：「若不是耶和華建造房屋、建造的人就枉然勞力。若不是耶和華看守城池、看守的人就枉然儆醒。」無論是否認識上帝，每個人都可能會為自己的目標付出努力，行事為人小心謹慎以免遭受災害；但是認識上帝的人，還多知道一點：我們在世上所遭遇的大小事情，並非僅僅是「自然」現象而已，背後還有上帝奇妙的旨意與計畫。

眼前所看到的各種災害、感覺很差的現狀，至少在理智上可以知道：上帝全然知道這一切情形的前因後果、一切仍然在祂的掌控之中。至於原因，不是我們現在所知道，甚至於不是我們的智慧所能夠理解。在走出病痛、災害之前，讓彼此的關心代禱成為走下去的力量。禱告祈求上帝親自來安慰受傷的心靈；並且讓現在點點滴滴的艱難，成為日後得以安慰他人的能力。

如果可以的話，懇請各位弟兄姊妹，在下週一參加本學期首度的聯合聚會時，一起來為學校、為弟兄姊妹的諸多需求禱告。

註 高雄大學所在的高雄市楠梓區，在本次凡那比風災的累計降雨量為六一八毫米，鄰近的橋頭鄉（白樹子農場測站）測得日雨量更高達八六七・五毫米。本次風災造成高雄大學重大財物損失，援用國內媒體報導的維基百科記載為新台幣四千八百萬（實際不止於此）。

**寫於二〇一〇・九・二十七**

禱告交託

晚上搭高鐵末班車返回台北，因為第二天白天要幫二女兒報戶口（出生登記），順便請領生產津貼（戶籍在新北市的母親可以領到新台幣兩萬的津貼）。返回台北前，想說只有我去，如果有需要父母雙方簽字的文件，可能帶個圖章會比較方便，於是就帶了內人的圖章回去。

早上起床後，想起台北家中的熱水器壞了，電子控制的面板從原因不明的切斷燒水，變成根本無法啟動。前次提早一天打服務電話，結果維修人員直到中午才回電，並表示要到下午四、五點才能來，但是那個時間已經在返回高雄的高鐵列車上，只好作罷。這次早上八點半才打維修電話，不知道維修人員何時才能來（這下哪天才能修好）。

接著，想到要辦出生登記卻沒有帶回母親的身分證、又想到上次的熱水器維修並不順利，結果一早起床後就開始煩躁不安，不知道這趟回家是否變成白跑一趟。

擔心事情的發展可能不順遂的時候，要讓緊張、擔心的情緒繼續滋長下去，並且開始想像最壞的結果嗎？就在情緒開始轉變，而且越來越糟的時候，忽然一個念頭在腦中閃過：為什麼不禱告交給神呢？

於是當下就做了一個簡單的禱告，告訴神這趟回家要做好哪些事情，內心在擔心什麼。然後就帶著辦理出生登記的文件（戶口名簿、身分證、我和內人的印章，申請生育補助的內人金融機關存摺封面影本），出門吃早餐去了。在台北老家旁邊的早餐店，吃完久違的早餐後（老闆娘直接問我說，吃一樣的嗎？），然後騎著摩托車去戶政事務所。

報戶口完全不需要內人的身分證（不知道起床後在擔心什麼）。需要內人簽章的部分，圖章都蓋得很清楚；只有我的圖章因為蓋得糊糊的，需要補上手寫的簽名（不擔心的反而出了小狀況）。然後在戶政事務所服務人員的恭喜聲中，完成了登記與補助申請；還拿到圖書館致贈新生兒的兩本童書（還有贈送姓名貼）。在辦理登記過程中，熱水器維修人員打電話來，說上午十一點半會來維修；維修時更換了兩個電子零件，因為還在保固期，只有收了兩百元的工資，維修前後不到十分鐘。於是時間非常充裕的我，先出門去理個頭髮，再騎著摩托車去台北市的文具行逛了一下選購文具（無可救藥的文具控）。

會出現莫名奇妙的擔心嗎？會出現理由充分的憂慮嗎？下次試著透過禱告跟我們的神說吧！耶穌說：「凡勞苦擔重擔的人，可以到我這裡來，我就使你們得安息。（太11：28）」重擔尚且可以得著平靜安穩，更何況只是有點心煩呢？只要記得，不要再繼續倚靠自己撐下去，試著跟神說、交給神。嘗過一次交在神手中的輕鬆感、安全感；經歷過一次神保守、成就的事，以後就會慢慢轉變倚靠自己的舊習慣，開口禱告交給神了。

寫於二〇一六・五・七

# 我不再當浮士德

經過上週的努力，確認劉北元律師將於這個月底的導師時間，來本校演講「我不再當浮士德」（同書名）。由我負責聯絡，並由本校學務處主辦。

劉律師和我在相同期間就讀碩士班，但是並不是同一所學校；只是因為他的指導老師是我的學校專任教師，所以會出現在我的學校裡。大學一位同班同學，與他是同一位指導老師，兩人交情非常要好，不過，因為我們唸的組不同，所以並沒有在教室裡碰過面，當時只有耳聞過這個名字。

說到收入，民商法領域的律師才會賺到大錢。劉律師曾經月收入破百萬，算是名利雙收的成功典範。不過，在離開碩士階段後，我就不再有他的訊息，直到最近。

在網路上看到劉律師的名字時，我有點愣住：「假釋出獄」這種事情應該和我認得的那個名字沒有關係吧！但是，很遺憾的，劉律師在世人眼中功成名就的時候，婚姻破碎；然後又在理智斷線的狀況下，竟然砍殺了原本的小三，因為殺人而進牢服刑。

但是，在世人看來身敗名裂的情況下，他在獄中認識了上帝，生命因此翻轉。失去世人眼中一切的時候，反而是他得回生命的時候。

連教育部都以畢業後的平均收入，作為衡量大學系所價值的現在，年收入千萬或許正是教育部所認定的成功範本。但是，難道金錢才是人生的衡量標準嗎？劉律師的人生經驗，或許不只是法學院的學生，而是這個價值混亂時代的每個人都可以作為自我檢視的參考吧！所以才透過學務處主辦這次演講，希望本校各院的學生都能有參與這次演講的機會，而不是只有法學院的學生有機會聆聽這個演講。

除了請各位老師幫忙宣傳一下這個講演，更請各位弟兄姊妹為這個活動代禱。如果大家有興趣，歡迎當天一起參加聆聽這次的演講。

**寫於二〇一六・五・十五**

二〇一六・十二
劉北元律師福音講座

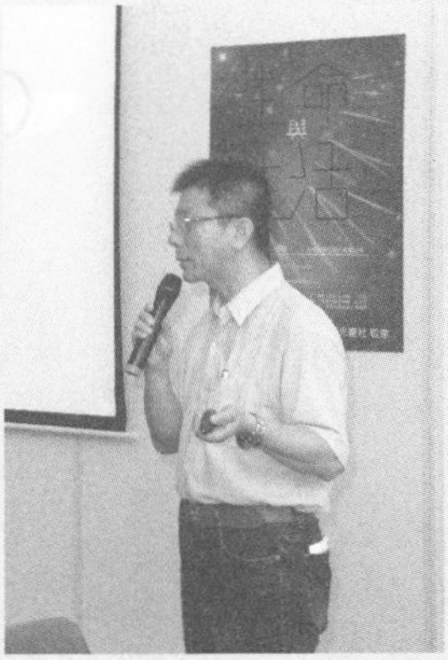

靈修筆記

人若賺得全世界，賠上自己的生命，有甚麼益處呢？人還能拿甚麼換生命呢？（馬太福音第十六章第二十六節）

# 起床氣

這兩天早上，女兒的起床氣很嚴重。週一想說把握機會當司機送女兒去幼稚園，但是女兒起床後，鬧著說：「不要爸爸開車送她去。」（當面聽到之後，身為父親的玻璃心碎了）週二起床後，知道阿公要開車送她去幼稚園，又鬧說：「不要阿公開車送她去。」

對於起床氣，小時候曾有過特別的「被害人」經驗：

家兄念初中期間，特別是在準備聯考的初三，晚上經常在飯後先睡一下，再起床寫功課、念書。剛開始是設定鬧鐘，但是鬧鐘響了，人卻起不來，後來決定找人叫他起床。

身為弟弟的我，是家中第一個負責叫他起床的。時間到了，叫家兄起床，他在睡夢中說「好了、知道了」，我就「解除任務」離開了。但是，第二天就被罵說，怎麼沒叫他起床。經過解釋之後，家兄說，不要管他說什麼，一定要把他弄醒。時間到了，基於家兄的吩咐，不管他說什麼，甚至拿掉被子繼續叫，結果是當場被打。好心幫忙還要挨罵、被打，所以在不到一週的時間內，就拒絕、不再擔任叫家兄起床的「危險任務」。

接下來擔任這個工作的是母親，時間一到，傳來的是母子間的叫罵聲，甚至是「互毆」。母親擔任這個工作有多久，已經不復記憶，但是時間應該不長，就交由父親接手了。

父親接下這個工作之後，就一直做到家兄初三畢業。父親叫家兄起床的時間就是家裡晚上最吵鬧的時間。當時在一旁默默觀看的自己，學到：對於別人叫自己起床，要心存感激，絕對不可以冒出任何不滿的話語，並且盡快起床。

轉眼時間過去了將近四十年，父母都已經不在了。在自己成為父親之後，面對女兒的起床氣，才體會到當年父親為何天天能夠面對嚴重起床氣的家兄：唯有愛、就是愛啊！

我們或許沒有起床氣，但是，是否有哪些不討天父喜悅的「毛病」，讓天父傷心難過呢？不過，只要我們願意回轉到天父面前，天父一定會給我們一個大大的擁抱（參考著名的浪子比喻，路 15：11-32）。

寫於二〇一六・八・十

**靈修一筆記**

耶穌又對眾人說：「我是世界的光。跟從我的，就不在黑暗裡走，必要得著生命的光。」（約翰福音第八章第十二節）

# 很糟的感覺，但是……

✝神的國如同人把種撒在地上。黑夜睡覺，白日起來，這種就發芽漸長，那人卻不曉得如何這樣。地生五穀是出於自然的：先發苗，後長穗，再後穗上結成飽滿的子粒；穀既熟了，就用鐮刀去割，因為收成的時候到了。（馬可福音第四章第二十六至二十九節）

上週的查經，看到耶穌帶頭走在前面，一行人前往耶路撒冷，並且第三次預言自己在耶路撒冷被捕、定罪、遇害、復活（可10：32-34）。

這個預言開始於第一位認出基督的彼得說出「你是基督、是永生神的兒子」（可8：29／太16：16）之後。耶穌第一次預言（可8：31-32），剛受稱讚的彼得立刻產生「拉著他、勸他」的反應，結果挨罵了「撒旦，退我後邊去罷！因為你不體貼神的意思，只體貼人的意思。」（可8：33）或許這樣給了門徒們一個印象：勸阻是不對的；甚至可能進一步產生這樣的想法：耶穌所說的「受苦」、「被殺」、「復活」等用語，可能並不是語言本身字面的直接意思。

在登山變像、趕走啞巴鬼之後，耶穌第二次預言自己的死與復活（可9：31）。這次，沒有人再勸阻耶穌了，背後的原因是「門徒卻不明白這話，又不敢問他」（可9：32）；於是，門徒回到猶太人對於彌賽亞的傳統認知：基督要來當王，因此「他們在路上彼此爭論誰為大」（可9：34）。

當耶穌在前面帶路，朝向耶路撒冷邁進的時候，想必門徒們的內心有點複雜：如果真的是彌賽亞要來當王了，耶穌為什麼每次都會提到「死」？是否要爆發戰爭呢？沒想到，耶穌又來了第三次預言。門徒怎麼看到耶穌的預言呢？彼得自從挨罵之後，對於這個議題就不再採取一貫率先發言的態度，而保持沉默了。結果，一起登山的另外兩位兄弟出面說話了，而且還先挖個坑以免耶穌反悔「夫子，我們無論求你甚麼，願你給我們作」。他們的要求是「賜我們在你的榮耀裡，一個坐在你右邊，一個坐在你左邊。」（可10：35-37）另外十位門徒內心可能在想「這兩兄弟居然搶先說出我要說的話」吧！「那十個門徒聽見，就惱怒雅各、約翰。」（可10：41）雖然他們十二個似乎從來沒有想到過：他們「憑什麼」爭論誰為大、誰可以坐在彌賽亞的左右，特別是對比一下昔日大衛王身旁謀臣勇將的話。

老師看到學生對於教過三遍的東西，不僅完全不能理解其中的內容，甚至還自以為是的誤解，感覺應當很糟。可是，就是這其中的十一位門徒，在耶穌受難、復活之後，接下傳遞福音的使命。雖然耶穌在世的時候，在他們身上似乎看不見果效，但是，生命的種子已經種在這些門徒的心中，當聖靈在五旬節降臨的時候，這些種子就發芽、茁壯，讓門徒們擔起傳播福音的使命。

上週，無意間搜尋到一位交換生去年三月初貼在網路上的文字「信仰是啥，好吃嗎？」，開頭是「今天吃完晚飯，遇到一起在每週二吃免費便當的老師，她們貌似要有行動，拿了很多宣傳上帝耶和華的資料。果然，在我剛剛吃完飯就開始和我聊了起來，她問我：你對信仰怎麼看的？」……結尾這位可能是黨員的學生說「另外，我還是一個無信仰主義者。」或許對於這位交換生的反應會有點失望吧，可是，生命的種子難道絲毫沒有進入他的心中嗎？

當我們在傳遞福音的時候，無論對象是交換生、本地學生、同事或家人等等，如果覺得對方遲遲沒有反應、多少有點失望灰心的時候，除了三次聽不懂耶穌預言的門徒外，還可以參考耶穌的這個比喻：「神的國，如同人把種撒在地上，黑夜睡覺，白日起來，這種就發芽漸長，那人卻不曉得如何這樣。地生五穀是出於自然的：先發苗，後長穗，再後穗上結成飽滿的子粒。穀既熟了，就用鐮刀去割，因為收成的時候到了。」（可 4：26－29）我們盡好我們的本分，神會負責祂的部分，黑夜睡覺、白日起來，就「自然」到了收成的時候。

寫於二〇一五・一・十二

靈修｜筆記

## 靈修筆記

耶穌對他們說：「你們是在人面前自稱為義的，你們的心，神卻知道；因為人所尊貴的，是神看為可憎惡的。（路加福音第十六章第十五節）

獨一真神

✝我就是道路、真理、生命。若不藉著我，沒有人能到父那裡去。（約翰福音第十四章第六節）

這學年擔任夜間在職班的導師。週六上午，和導師班的班代、副班代出席一位導生母親的喪禮。面對佛道混合的儀式，很意外的聽到黃國倫牧師作詞作曲的〈愛不止息〉；更沒有想到在非基督教的喪禮中，還會出現「獻詩」的程序。後來才知道這首歌是殯葬業者請黃牧師撰寫，還有國台語兩種版本。

雖然在儀式中有請大家一起唱這首基督徒作詞作曲的歌曲，不過，司儀口中說的，卻是佛祖菩薩接引逝者前往西方極樂世界，對自己來說，整體感覺相當違和。

儀式進行中，不時聽到司儀念出美麗動人的詞藻，讓人忍不住想落淚。但是，一個不認識上帝的生命，在世間結束氣息之後，下一站是什麼地方呢？真的是個值得我們花時間去認真思考的問題。

很多人認為「宗教」是勸人向善的，因此認為各個宗教都沒有差別。這些人應當沒有想過，「教育」也是勸人向善的，所以教育和宗教也沒有差別，或者說教育就是一種宗教囉？

雖然這種「宗教平等」的觀點，讓宗教信仰不同的人，可以「和平共處」、比較不會互相排擠或仇視。但是，無論在教會、團契或日常生活中，都不難發現有些自稱是基督徒的人，同樣也採取這種觀點：他們將《聖經》與其他宗教經典並列，並不認為《聖經》具有較高的權威性，當然，他們也不認為各個宗教的經典、教義是互斥的；他們同樣認為各個宗教的「神」都是平等的，雖然他們並不知道某些宗教其實是屬於「無神論」的立場。

在《出埃及記》中，上帝頒給摩西的十誡，第一個就是「除了我以外，你不可有別的神。」（出20：3）在《新約》時代，耶穌教導說：「我（耶穌）就是道路、真理、生命，若不藉著我，沒有人能到父那裡去。」（約14：6）使徒彼得說：「除他（拿撒勒人耶穌基督）以外，別無拯救。因為在天下人間，沒有賜下別的名，我們可以靠著得救。」（徒4：12）《聖經》很清楚地表明立場：只有上帝一位神；除了耶穌，人類沒有第二個回轉到天父上帝的途徑。

我們是否認識到，在教會或團契中所敬拜的，乃是「獨一」的神呢？耶穌的救恩，才是我們能夠從上帝公義審判之下得救的「唯一」途徑呢？耶穌的弟弟猶大曾經對教會警告說：「有些人偷著進來，就是自古被定受刑罰的，是不虔誠的，將我們神的恩變作放縱情慾的機會，並且不認獨一的主宰，和我們主耶穌基督。」（猶4）即使在今天，猶大的這段話語依舊是很好的提醒。

寫於二〇一四・六・十六

# 約伯與馬偕

最近在讀《約伯記》，同時也讀了有名的馬偕牧師的傳記。

馬偕牧師於一八七一年從加拿大來台灣傳教，前後三十年，其間曾經染上瘧疾、被本地人咒罵、投擲石塊、追打、建立的教堂多次被拆毀。在這種環境中，馬偕牧師在台灣北部（包括宜蘭）創立教會超過六十間、施洗信徒近三千，還興建了學校與醫院。最後，馬偕牧師於一九〇一年六月初，於淡水病逝。我們看到這樣願意為拓展神國擺上自己一切的人，通常會想說，神一定會給馬偕牧師很多的祝福——以人類的標準來說，不外是壽命、健康、子孫、名聲、財富等等。

二十世紀初的台灣，五十八歲當然不能算是夭折或是命短，但是，絕對不會符合人類「長壽」的概念。一位四處講道三十年的牧師，竟然罹患「喉癌」，聲音沙啞而無法講道、授課，這是人間「得享祝福」的表徵嗎？「喉癌」導致喉嚨潰爛，吃進嘴巴的食物，會從喉頭流出。一般人肯定會納悶：一位為上帝奉獻一生的僕人，怎麼會得到這樣的報償呢？

如果你是馬偕牧師的朋友、會友，在他確定罹患喉癌時，會想去探望他嗎？你會怎樣探望這位生命走到最後的牧者呢？如同約伯的三個朋友，對著馬偕牧師說，這一定是犯罪所得到的懲罰，你要認罪悔改？還是面對喉嚨潰爛的馬偕牧師，說出：「《聖經》說：『萬事都互相效力，叫愛神的人得益處，就是按他旨意被召的人。』（羅馬書8：28）」嗎？

用馬偕牧師當例子有點不好意思，只是，或許這樣比較能夠體會實際、具體的狀況。無論是《聖經》上的約伯、成為台灣近代歷史一部分的馬偕牧師，還是你我身邊的親朋好友，我們是否想過，在他們面對人生愁苦的時候，怎樣的關懷，才是心靈上的安慰，而不是在傷口上灑鹽。

願神賜給我們智慧。

寫於二〇一三・三・四

靈修｜筆記

如經上所記：神為愛他的人所預備的是眼睛未曾看見，耳朵未曾聽見，人心也未曾想到的。（哥林多前書第二章第九節）

## 勿剽竊神的榮耀

✝羅波安的國堅立，他強盛的時候，就離棄耶和華的律法，以色列人也都隨從他。（歷代志下第十二章第一節）

最近的靈修進入到《歷代志下》，內容是關於以色列聯合王國分裂為南北國以後，南國（猶大國）的初期君王；也就是聯合王國分裂後的第一位猶大王，所羅門王的兒子羅波安。

這位同時記錄在《列王紀上》第十二章的猶大王，因為著名的錯誤政治決定，使北方十族告別大衛家，另外成立北國（以色列國）。這位猶大王在同書第十四章再度出現的時候，《聖經》記載的內容非常負面：「猶大人行耶和華眼中看為惡的事，犯罪觸動他的憤恨，比他們列祖更甚。因為他們在各高岡上，各青翠樹下築壇、立柱像、和木偶。國中也有變童。猶大人效法耶和華在以色列人面前所趕出的外邦人，行一切可憎惡的事。」然後，埃及王出兵一路攻進耶路撒冷，奪走了聖殿裡的寶物與所羅門王製造的金盾牌。這些，不過是在羅波安繼位五年就發生的事情。

但是，《歷代志下》第十一章十七節則記載：「所羅門的兒子羅波安強盛三年，因為他們三年遵行大衛和所羅門的道。」羅波安還修建了許多設防（或譯為有軍事防衛設施）的城市。可是，這些設有軍事防衛設施的城市，在埃及軍隊入侵時，卻都被攻陷了（十二章四節），埃及軍隊因此攻入了耶路撒冷。

《歷代志》的作者在十二章一節說出了其中的原因，問題並不在於那些軍事防衛設施是否為「豆腐渣工程」、不在於是否有猶大將官攜帶軍事機密投靠埃及、更不是埃及發明了領先當代的新武器，而是「羅波安的國堅立，他強盛的時候，就離棄耶和華的律法，以色列人也都隨從他」。

原來羅波安曾經遵行大衛的榜樣、追隨神，並不是從一開始就背離神。可是，卻因為神所賜與的平安、神所祝福的強盛，就讓他腦充血地認為一切都是自己的成就，而不再追隨神了。這對我們是很好的提醒：千萬不要被成就的喜悅沖昏了頭，將上帝的恩典，誤以為是自己努力、打拼而應得的成果，剽竊了神的榮耀。所以，無論是傳福音的事工、職場上的表現、家庭或婚姻的狀況等，在獲得任何成果的時候，也就是謙卑將榮耀歸向神、繼續緊緊跟隨神的時刻。一旦誇耀起自己的規劃、設計，或是大家看不到的努力付出等等，可能就是背離神的開始。這樣的不幸範例，在《舊約聖經》當中，並不是只有這位羅波安王而已。

寫於二〇一二・十二・三

# 耶穌的神蹟

✝他們到了海的那邊，進入格拉森人的地區。耶穌一下船，就有一個被污靈附著的人，從墓地裡迎面而來。（馬可福音第五章第一至二節）

這週在讀馬可福音的時候，看到耶穌以加利利湖為中心，往返於各個岸邊。其中還有夜晚的出航（四章三十五節），耶穌在途中平靜風與海之後，抵達鬼附之人所在的墓地（格拉森人的地方，五章一節以下）。以前從沒注意到，耶穌一行人抵達「格拉森人的地方」，上岸後竟然是墓地、又碰到鬼附之人，這種情節已經夠恐怖了，時間偏偏還是很有「氣氛」的夜晚。

馬可福音記載耶穌所到之處，都是人潮洶湧，而且耶穌也不斷地醫病（甚至讓死人復活）、趕鬼、行神蹟。但是耶穌並沒有一直停留在一個地方，而是離開當地的人群，經由人群無法跟上的加利利湖，再前往下一個地方。或許馬可福音連續記載了一大堆神蹟，造成耶穌的事工好像就是醫病、復活、趕鬼、行神蹟的印象，連帶讓人誤以為，現在教會傳福音也應當把醫病、趕鬼等放在優先的順位上。但是，這裡有兩個問題值得我們去思考：

第一，在耶穌不斷行神蹟的過程中，大批跟隨在耶穌周圍的群眾，追隨的原因是什麼？是來欣賞前所未有的魔術表演？還是想要認識耶穌、聽祂說話？許多的神蹟，能否讓群眾思考「行神蹟的這位耶穌是誰」？還是養大了這些「觀眾」的胃口（每天都要來點比昨天更聳動的免費表演）？或者是刺激了更多人想要來到現場找出「魔術的破綻」？

第二，或許就是那許多的神蹟讓我們找不到重點了。耶穌在加利利湖沿岸進行的服事，究竟是將什麼擺在第一位呢？如果放在最優先的，是免費的醫病、趕鬼服務，那麼，耶穌理所當然應當被認為是位善心人士、醫術通神的好心人，誰能夠認出祂是《舊約聖經》預言的彌賽亞（受膏者、君王）？是要替我們這些罪人贖罪上十字架的救主呢？如果透過耶穌三年半的事工，可以讓人看出祂是要替罪人贖罪的救主，祂的服事重心，又是將什麼擺在第一位呢？

我們對於耶穌的認識，是否如同未信者對於基督教／基督徒的認識一樣：耶穌是個好人、聖人、一代宗師（如同歷史上眾多的好人複數、聖人複數、一代宗師複數一樣）。基督教是興建醫院、蓋學校，做很多善事的慈善團體。所以，基督也好，上帝也罷，不過是諸多「勸人為善」的神明「之一」；信奉上帝，不過是諸多「修行法門」的「一種」。如果這樣，我們與未信者，又有什麼差異呢？

寫於二〇一三・三・一八

## 金牛犢事件

✝人民見摩西遲遲不下山，就聚集到亞倫那裡去，對他說：「起來，為我們做神像可以走在我們前頭領路，因為那摩西，就是把我們從埃及地領出來的那個人，我們不知道他遭遇了甚麼事。」亞倫對他們說：「把你們妻子和兒女戴在耳上的金環摘下來，送來給我。」全體人民就把他們耳上的金耳環都摘下來，送來給亞倫。亞倫從他們手中接過來，用雕刻的工具雕刻，鑄造了一個牛像；他們就說：「以色列啊，這就是你們的神，就是把你從埃及地領出來的那位。」（出埃及記第三十二章第一至四節）

週末靈修的時候，靈修資料引述了一段經文：《出埃及記》第三十二章，內容是出埃及的以色列人，在摩西上西奈山領受上帝律法時，要求亞倫為他們「造神」的故事。當我們在看這段經文的時候，或許很難理解，這些以色列人不是在埃及看過上帝興起十災嗎？不是親身經歷自己從原本奴隸的身分卻帶走了埃及的財富嗎？不是在紅海邊看到埃及強大的戰車隊在他們隊伍後方被水淹沒嗎？甚至還一起經歷上帝在他們眼前降臨在西乃山上嗎……親身經歷過這麼具體的事情，卻仍然鑄造了一隻牛，然後宣告「以色列啊！這是領你出埃及地的神」。

看以色列人的時候，我們都很難以理解，親身經歷了這麼多具體神蹟的以色列人，居然在幾天的時間內，就能夠「忘記一切」，鑄造出一個自己明知不是帶領他們的神明，還對著那隻「純金小牛」開口說出「這是領以色列出埃及地的神」。

我們或許沒有看過埃及的十災，但是在各自的人生當中，多少經歷過走出大小麻煩的經驗。我們或許沒有從仇敵身上取走他一切的財富，但是多少曾經得到過超乎自己預期的榮耀。我們或許沒有看到上帝降臨在我們眼前，但是可能曾經有過特別的感動或私人的經驗。不過呢，在面對另一次麻煩，或者久久不再有特別的感動時，我們是否也會開始將長官、老師、或其他有著各種成就的人，當成我們人生的「明燈」，然後對別人說，是那盞「明燈」帶領我們走過人生的死蔭幽谷呢？

寫於二〇一三・十・二十四

靈修｜筆記

摩西是《出埃及記》、《利未記》、《民數記》與《申命記》的主角。他的人生前三分之二，包括出生後放水流、埃及王子以及擔任米甸祭司的牧羊人，八十年的歲月一共占了《出埃及記》的一章。從《出埃及記》的第三章開始，直到《申命記》結束，則記錄了摩西人生的後三分之一。另外，《新約聖經》在《猶大書》第九節補充了一句摩西死後的事情「天使長米迦勒為摩西的屍體與魔鬼爭辯」。

通常，提到摩西的時候，可能會有以下聯想：

第一個應該是摩西舉起手杖或手：摩西舉起手杖，紅海分開了（出埃及的經典畫面）；在與亞瑪力人的戰爭中，摩西舉手以色列人就得勝。

其次或許是《聖經》對於摩西的評語：「以後以色列中再沒有興起先知像摩西的，他是耶和華面對面所認識的。（申34：10）」一位空前絕後的，長時間與神面對面說話、傳遞神旨意的先知與民族領導者。

當然，或許有人會想到：摩西在曠野沒有聽上帝吩咐，「用杖擊打磐石」而不是「吩咐磐石發出水來」，結果進不了應許之地。（民20：1-13）這可以算是摩西人生的重大失敗。

從前面提到的《聖經》篇幅來看，偉大的神人摩西，他的人生與世人觀點相異，並不是在強大國家的皇室成員時期，以「埃及王子」的身分攀上高峰；而是從《出埃及記》的第三章，神呼召「米甸祭司的牧羊人」開始。這段記載於出埃及記第三章到第四章的起點，除了「荊棘被火燒著、卻沒有燒燬」的神蹟外，整個呼召的過程相當有趣：

首先是荊棘的神蹟，引起摩西注意（人人皆有好奇心）。然後上帝從荊棘裡呼叫、和摩西說話，呼召摩西擔任與法老交涉、率領以色列人出埃及的工作（出3：2-10）。

面對神說明的計畫與委任，摩西的回答很爽快「我是什麼人」（出3：11），一個有點心酸的柔性拒絕。這句「我是什麼人」，可以看見四十年的牧羊生活，對於昔日埃及王子的雄心壯志，造成多少的消磨。如果不能體會，請換成「我是什麼東西」，或許能有點感覺。

上帝給摩西一點鼓勵「我必與你同在」，並且以預言「將百姓從埃及領出來後，在這山上事奉我」作證據（出3：12）。

摩西或許沒有意識到「未來的預言」讓他具有「先知」的身分、也可能認為這個身分與預言無用、更可能是徹底的逃避，就轉變方式變成自己設定、提出要求，請問這位呼召他的「父親的神、亞伯拉罕的神、以撒的神、雅各的神」，「叫什麼名字」（出3：13）。

這次上帝不只回覆了名字，還提到了出埃及的過程（出3：14-22）。

摩西再度使用了柔性拒絕的方式：本來說，因為不知道神叫什麼名字，會被以色列人拒絕；但是當神告知了名字，卻說即使知道、說出上帝的名字，「他們必不信我、也不聽我的話，必說耶和華並沒有向你顯現」（出4：1）。

於是上帝教摩西三項異能：從杖變蛇、手長大痲瘋與河水變血（出4：2-9）。

這次摩西的拒絕從對於神的不認識，轉變為自己的能力：「本是拙口笨舌」（出4：10）。能力，對神來說根本就不是問題，所以上帝這次的回答爽快又簡短，「誰造人的口呢？誰使人口啞、耳聾、目明、眼瞎呢？豈不是我耶和華麼。現在去罷，我必賜你口才、指教你所當說的話。」（出4：11-12）

摩西終於在第五次明確表露出他的拒絕：「主啊！你願意打發誰，就打發誰去罷。」（出4：13）《聖經》誠實的記錄上帝這次的反應：「耶和華向摩西發怒」（出4：14）。面對這種拐彎抹角的拒絕過程，你我大概也會發怒吧！

我們或許無法像摩西在世上經歷與神面對面的先知生涯；但是，這並不表示上帝不呼召我們為祂做大大小小的各種事情。《以賽亞書》第六章的名句：「主的聲音說，我可以差遣誰呢、誰肯為我們去呢？我說，我在這裡，請差遣我。」當上帝呼召我們的時候，我們會選擇出身王室的先知以賽亞「我在這裡，請差遣我」；還是神人摩西「你願意打發誰，就打發誰去罷（我在這裡，請別找我）」的回應呢？如果內心曾經有所感動，後來發現似乎是從神而來的，但是，錯過了、忽略了，沒關係，下次請把握機會，回應上帝的呼召。

寫於二〇一四・八・二十一

## 靈修一筆記

二〇一四・十二
連加恩福音講座

耶穌對他們說：「來跟從我，我要叫你們得人如得魚一樣。」（馬太福音第四章第十九節）

# 法利賽人和文士

《馬可福音》第七章第一至二十三節的經文中，耶穌面對耶路撒冷的猶太人，特別是法利賽人、文士、祭司，出現了常見的狀況：發飆罵人（可7：6－13）。

我們可以透過經文中的記載發現，這些猶太人對於神的誡命（摩西五經）加入了很多註解，經過註解又註解之後，忘記了根本應當在於神的原始誡命，反而一味追求人的註解，甚至違反了神的原意。這裡，耶穌還特別舉出「各耳板」的例子（可7：10－12）。

我們可以學到什麼呢？即使認識了上帝，我們還是要不時反省：所追求的，究竟是上帝在天上的獎賞，還是地上人間的推崇。如果是因為要得到認同才進入教會參與崇拜、要得到讚美才拿出奉獻、怕別人失望才做點服事、甚至是因為想被認作好人才成為基督徒……耶穌對我們的臉色可能會不太好看。

好吧！或許你會想，世人碌碌，欠缺從天上來的智慧、不懂上帝教導的原意，這些文士和法利賽人也是跟錯老師，耶穌需要這麼生氣嗎？耶穌很生氣嗎？當然非常生氣，不僅當場引經據典（《以賽亞書》），還舉出具體例證（各耳板的例子）罵得文士和法利賽人滿臉豆花，接著「又叫眾人來，對他們說」，這是多麼不留情面的做法，還馬上就講給一群人聽！這絕對不是現代教育教導我們做人處事的態度，怎麼可以這樣不給情面。想想，如果你是那群從耶路撒冷來的法利賽人或文士中的一員，當下會有什麼反應？

不過，值得注意的是，耶穌回覆法利賽人、文士的質問時，回答的內容是針對「為甚麼不照古人的遺傳」——「古人的遺傳」並不是神的誡命，耶穌指責他們竟然把人所說的，取代了神的話。但是，當耶穌對眾人說話的時候，卻是針對「洗手吃飯」所表達的意義：耶穌說「從外面進去的，不能污穢人；惟有從裡面出來的，乃能污穢人。」（可7：15）洗手吃飯在人世間的意義，在於不要使用可能骯髒的手去抓食物，然後吃下不乾淨的東西；在信仰的象徵意義，則是保持潔淨，不要沾染犯罪。可是，這樣挑明的說，則是當場給法利賽人和文士難堪：你們以為自己本來是潔淨的，都是外在世界污染你們、別人使你們不潔嗎？錯了，真正骯髒的，就是你們；因為骯髒、不潔淨、罪的源頭，都在你們的心裡面啊！所以，耶穌在開罵的第一句（可7：6）就說這些人是「假冒為善（偽君子的意思）」。

如果遇到一個A錢的人，開口呼籲大家要廉潔自處，你會有什麼反應呢？熟讀上帝律法的人，得出自己本是聖潔的、都是他人與外在環境讓他不潔淨的觀點（還真是無奈啊），在上帝眼中來看，又怎麼能不生氣呢？

下次看到耶穌在生氣的時候，不用替耶穌美化而說成「只是語氣嚴厲了點」、「講話比較直接、比較不客氣」，而是要想一下，我們是否也讓上帝同樣憤怒、甚至是傷心。

寫於二〇一四・九・二十九

約瑟的故事

晚上想起一個《聖經》人物，《創世記》尾段出現的約瑟。這位深受父親疼愛的孩子，因為哥哥們的忌妒，居然把他作為奴隸賣給商人（人口販運）。被賣到埃及法老護衛長家裡的約瑟，竟然因為護衛長的妻子勾引不成，反而誣賴他調戲女主人，被送進監獄。進入皇家監獄成為囚犯後，雖然幫伺候法老的酒政大人解夢，但是酒政大人離開監獄官復原職後，卻又忘記了他。

為什麼約瑟彷彿沒有脾氣、完全不記仇，並且在所處的各種糟糕境遇中，都能好好活下去。《聖經》透漏了一點訊息給我們：「耶和華與約瑟同在」。

每個人總會碰到不順利，嚴重到想要直接逃離那個糟糕環境；總會碰到愛算計的人，巴不得能夠在眾人前面揭穿這種人的真面目、立刻給這種人一點顏色。不過，看來倒楣的約瑟，轉運成為當時超級大國埃及的頭號重臣後，並沒有教訓酒政大人太慢搭救他、沒有找是非不分的護衛長麻煩；日後當他的哥哥們因為饑荒來到埃及購買糧食，也沒有讓哥哥們空手而歸，反而「洩漏天機」說出神的計畫「這是神差我在你們以先來，為要保全生命。……神差我在你們以先來，為要給你們存留餘種在世上，又要大施拯救，保全你們的生命。……差我到這裡來的不是你們，乃是神。」

約瑟為什麼能夠超越人的眼光、超越看來令人絕望的困境，原因應當就是「耶和華與約瑟同在」。環境不順利？周圍總是有小人在放冷箭？請抬頭仰望創造天地的神，或許是上帝在提醒我們，該回到祂身旁、全心全意的倚靠祂。讓今天環境所熬煉的信心，將成為明天持續倚靠神的力量；讓神透過我們的生命，完成神的計畫。

不要生氣、不需要記仇，因為快意恩仇的俠客生活，看不見神的奇妙安排、無法看見完全信賴、全然倚靠上帝的忠心與信心。

**寫於二〇一六・四・三十**

**靈修一筆記**

不從惡人的計謀，不站罪人的道路，不坐褻慢人的座位，惟喜愛耶和華的律法，晝夜思想，這人便為有福！他要像一棵樹栽在溪水旁，按時候結果子，葉子也不枯乾。凡他所做的盡都順利。（詩篇第一篇第一至三節）

# 以審判者自居？

昨天和一位在國外念書的研究生透過FB聊天。他在FB上張貼文章，說「神愛世人」，是只愛「信上帝的人」嗎？等等。經過訊息往來之後，原來是他在國外曾到教會參加聚會，不過，對於這位對上帝還不認識、還沒決志的研究生，周遭的基督徒對於他和回教徒往來、住處有聖母馬利亞的照片等，大加批評；甚至因為在學校餐廳選擇素食，也被這些基督徒責罵，吵到引起餐廳關切的程度。

和他聊了之後，相當感慨。一個人願意主動進入教會，是多麼大的神蹟啊！但是，教會裡面的人，面對這個神蹟的方式，真是讓人難過。真理當然是不容許被扭曲的。但是，對於還不認識、沒有接受真理的人，卻用真理（姑且不說是否真的吻合《聖經》）去要求、批評他，只怕讓人距離真理越來越遠了。

我們是否因為認識上帝、閱讀《聖經》之後，自認明瞭「真理」，並且時時以「審判者」自居呢？還是因為認識上帝，體貼上帝對於世人的愛心，因此用各種方式向人傳遞與神和好的福音，並且為還不認識、還不相信的人持續禱告呢？

寫於二〇一四・二・十四

靈修｜筆記

2004年信望愛社
社 交 接
2004 06 03
歡送首屆畢業生 與 社團交接

使人和睦的人有福了！因為他們必稱為神的兒子。（馬太福音第五章第九節）

# 校長遴選

隨著校長選舉投票日的接近，拜訪研究室的人增加了，也出現幫忙特定候選人拉票的現象。這種型態的「教授治校」，是否為我國教育界原本所要模仿、引進的型態？還是經過「本土化」以後的台灣特有型態呢？

世上的一切權柄，都是源自上帝；上帝將特定權柄授與特定人，則是出於祂的計畫。因此，在投票前、乃至於遴選委員會做出最後決定前，請大家多多為學校禱告。懇求上帝安排最合適的人，來擔任本校未來的舵手。

寫於二〇一二・三・十五

靈修｜筆記

## 靈修筆記

人子啊，我立你作以色列家守望的人，所以你要聽我口中的話，替我警戒他們。（以西結書第三章第十七節）

# 為學校守望禱告

本週是這學期的最後一週上課，接下來就是期末考、暑假。轉眼間，九十八學年就要走近尾聲，高雄大學在楠梓這塊重劃區設立、招收學生的時間，也就滿了十年。教職員團契隨著高雄大學慢慢成長，在最早的兩位成員：慈惠姊與秀梅姊的禱告下，教職員團契不僅率先成為學校登記有案的教職員社團——光鹽社；而且，學期中還能夠以兩個時段分為兩組聚會（並且在聚會之外，另外還有禱告會）。光鹽社的成長，見證了上帝在這所學校的祝福。

人數的成長只是一種表象。不過，從聖誕節的報佳音作為起點，光鹽社舉辦或參與的活動也逐漸成為本校每年固定的活動項目。在報佳音之外，學校尾牙中的詩歌，乃至於日後可能逐漸成為慣例的聖誕節演講（年底福音講座），都讓學校裡更多教職員能夠有認識、接觸光鹽社的機會，也製造更多將福音帶給教職員分享的契機。

在這段期間，無論是因為退休或轉換工作環境，難免有著人事的變化，但是感謝上帝的祝福，光鹽社始終能夠繼續在這所學校裡面禱告、守望著這塊校地上的許多人與事。

在第一個十年的尾聲，回顧上帝祝福的同時；讓我們在下一個十年，繼續忠心服事於上帝所交託給我們的這所學校、繼續為這所學校守望禱告。

寫於二〇一〇・六・十四

## 靈修一筆記

我也要救你脫離百姓和外邦人的手。我差你到他們那裡去，要叫他們的眼睛得開，從黑暗中歸向光明，從撒旦權下歸向神；又因信我，得蒙赦罪，和一切成聖的人同得基業。（使徒行傳第二十六章第十七至十八節）

# 神祝福的所在

✝我憑著所賜我的恩，對你們各人說：不要看自己過於所當看的，要照著神所分給各人信心的大小，看得合乎中道。正如我們一個身子上有好些肢體，肢體也不都是一樣的用處。我們這許多人，在基督裡成為一身，互相聯絡作肢體，也是如此。按我們所得的恩賜，各有不同。（羅馬書第十二章第三至六節）

這週讀到《羅馬書》第十二章第三至六節：「我憑著所賜我的恩對你們各人說：不要看自己過於所當看的，要照著神所分給各人信心的大小，看得合乎中道。正如我們一個身子上有好些肢體，肢體也不都是一樣的用處。我們這許多人，在基督裡成為一身，互相聯絡作肢體，也是如此。按我們所得的恩賜，各有不同。」

相信上帝將我們每個弟兄姊妹放在高雄大學，正是要使用每個人所具有的恩賜，彼此配搭服事，不僅互相造就，更要成為週遭環境的祝福。

所以，感謝神在這裡賜給我們許多弟兄姊妹可以彼此關懷代禱，更希望我們也成為這個學校的祝福。在新學期的開始，就能夠為這個學校的學生、同仁、校園一起禱告，讓這個學校成為許多人遇見上帝、扭轉生命的地方，成為神所祝福的所在。

在事情沒有定案之前，不要停止禱告；就算事情好像已經定案，仍然不要放棄禱告。

寫於二〇〇九・二・十九

靈修｜筆記

# 節期分享

二〇一五・十二　彭蒙惠老師與天韻合唱團

# 台灣的農曆七月

暑假期間都會經過農曆七月。在台灣的民俗上，對於這個月分有特殊的感情。雖然民俗上說，在農曆七月鬼門開放期間，鬼才會來到人間，但是並不排除其他月分還是有鬼在陽間作怪。這兩天的新聞報導說，由於過去械鬥造成居民死傷，嘉義布袋民眾在農曆七月鬼門開之前，拿著火燈跟著神明出巡、驅趕惡鬼，是當地流傳百年的「迓火燈趕鬼」的民間習俗。

鬼門將要開了（畢竟還沒開），神明「才」出巡驅趕惡鬼；似乎在說，雖然鬼門關了——都快要再度開放了，還是有鬼在外遊蕩。然而，不是在鬼門關閉後，「就」出來巡捕漏網未歸的；而是在即將開門前，把過去滯留在外的，「驅趕」（還不是逮捕）一下。看起來，民俗的鬼界，存在與人間相同的問題：法律無法貫徹執行。而且神明辦事，無論從時間或是內容來看，似乎相當敷衍（到底是在敷衍誰呢）。

雖然這樣的民俗，看來未必合理，「民間信仰」卻是台灣島上最多人所接受的信仰。

相對於傳統民俗，基督教的內容，在本地被排斥的第一個理由：那是外來的，在台灣沒有用；彷彿神明世界和黑社會一樣，大家各有地盤（雖然台灣民俗上所信奉的神明們，大多來自台灣以外的地方）。排斥的第二個理由，則是對於萬物皆由上帝創造嗤之以鼻，因為大家都上過學、唸過書，各級學校向來將達爾文的進化「論」當作事實在教，上帝創造宇宙／人類是反科學、反智的神話——是笑話。

七月在台灣面對這些不同的說法（民間宗教的鬼月，近年來佛教的吉祥月、功德月，基督教的平安月等等），要相信哪一種呢？為什麼相信上帝所說的，是那麼困難呢？其實反過來想想，我們通常會將內心的王座，交給自己還是恭請耶穌上座呢？這樣或許可以瞭解人類為什麼熱衷於創作各種神明以及神明世界。

寫於二〇一六・八・二

## 靈修一筆記

大山可以挪開，小山可以遷移；但我的慈愛必不離開你；我平安的約也不遷移。這是憐恤你的耶和華說的。（以賽亞書第五十四章第十節）

二〇一五・十二
報佳音

# 聖誕節的祝福

✝神愛世人，甚至將他的獨生子賜給他們，叫一切信他的，不至滅亡，反得永生。因為神差他的兒子降世，不是要定世人的罪，乃是要叫世人因他得救。（約翰福音第三章第十六至十七節）

時間到了年底，如果人在歐美，到處都可以感受到聖誕節即將到來的感受。

在德國，聖誕節前的四週，是所謂的Advenzzeit，聖誕節的氣氛就已經開始了。有販售供小朋友倒數計算聖誕節到來的Advenzkalender：一種每天有一格，內有小玩具或糖果的月曆；許多城市在這段期間，於市區廣場設有應景的「聖誕節市集（Weihnachtenmarkt）」，除了販售熱食點心以外，還有種加了香料的溫紅酒（Glühwein）、大家很熟悉的薑餅，以及應景的蠟燭或裝飾品。

雖然對於十二月二十四日的夜晚是否真的是耶穌降生的日期，有著許多不同的看法。基督教某些宗派認為這個日期既然是源自異教的節日，所以抵制十二月的聖誕節活動。不過，不管耶穌究竟在哪一天誕生，祂的誕生並不是為了製造一個假期或假日，也不是為了製造一個活絡經濟交易的機會，更不是製造一種溫馨浪漫的感覺。

耶穌降生源自《舊約聖經》的預言，是上帝拯救人類計畫的重要步驟。為了免除人類所犯的罪，讓人類的罪不再成為人類與上帝隔絕的原因，因此神降世為人，以自己作為贖罪的祭品，替人受死。所以「神愛世人，甚至將他的獨生子賜給他們，叫一切信他的，不至滅亡，反得永生。因為神差他的兒子降世，不是要定世人的罪，乃是要叫世人因他得救。」

雖然經過商業包裝，聖誕節似乎距離原本的意義相當遙遠，但是商人也同時營造了一個世人對於上帝最為友善的期間。讓我們用禱告、詩歌、祝福，使周遭的人認識上帝的愛，分享上帝祝福的美好生命。

**寫於二〇〇六・十二・十四**

靈修筆記

# 德國的聖誕節

這次來閒聊一下德國的聖誕節吧！

德國人的聖誕夜，有些類似我們的農曆除夕，是屬於全家人團員的日子。據說很少會有邀請外人一起過聖誕節的家庭，這和我們喜歡熱鬧的民族性倒是有點差異。

二十四日當天的商業活動大致上在中午結束，如果臨時想要買點東西，大概只剩加油站附設的小超市有機會買到一點生活必需品。位在大學旁的學生宿舍人煙稀少，德國本國或是原籍歐美的學生幾乎都會回家過節，冷清的宿舍特別讓人有股落寞的感覺（宿舍裡不回家的東亞學生感觸特別深刻）。

無論是舊教或新教的各個教會，在聖誕夜都有舉辦活動。我當時居住的城市特里爾（Trier），有一座地位相當崇高的大主教法座（Dom，大主教住錫的教堂）的天主教教堂；在聖誕夜當晚，主教（原本大主教的地位被拿破崙降級為主教）會在七位副主教的陪同下出席當晚的彌撒，會中還有司會與會眾以拉丁文進行類似詩歌式的啟應。

這個聖誕節與新年的連續假期，大致上從聖誕夜前兩、三天開始，一直放假到新年過後的一月五日、六日左右，前後差不多有兩週左右的時間。跨年的夜晚，也就是三十一日夜晚，是全年唯一允許自由施放煙火的時間，當晚施放煙火也有點像我們除夕夜進入新年的感覺。

不過，或許因為宗教在歷史上曾經造成德國境內有相當長的時間處於毀滅性的戰爭時代，一般人對於信仰的態度、對於舊教與新教差異的認知，非常近似於本地對於傳統信仰的態度與認知，宗教改革似乎已經成為遙遠的歷史了。

下次各位有機會前往德國旅行，不妨在餐廳用餐時留意一下周圍有多少人會做「謝飯禱告」，就可以瞭解這個宗教改革的發源地、「神學」實力扎實的國度，為什麼會出現閒置、轉賣供作其他用途的教堂了。

寫於二〇〇六・十二・二十八

**靈修｜筆記**

耶和華說：我知道我向你們所懷的意念是賜平安的意念，不是降災禍的意念，要叫你們末後有指望。（耶利米書第二十九章第十一節）

■ 國家圖書館出版品預行編目（CIP）資料

安歇.溪水旁：一位大學教授與主同行十年的生命
週記 / 謝開平執筆. -- 高雄市：光鹽社,
2017.04
面： 公分
ISBN 978-986-94557-0-1（平裝）

1.基督徒 2.靈修 3.團契

244.93 106003451

# 安歇・溪水旁：一位大學教授與主同行十年的生命週記

初版一刷・2017年4月

| | |
|---|---|
| 執筆 | 謝開平 |
| 策劃 | 連興隆 |
| 執行編輯 | 何玉蟬 |
| 聖經經文提供 | 雷淑芬 |
| 攝影 | 何玉蟬、謝開平、侯淑姿 |
| 光鹽社印章 | 洪秋蓮 |
| 印章電子檔製作 | 黃裕宸 |
| 出版者 | 國立高雄大學教職員團契光鹽社 |
| 地址 | 811高雄市楠梓區高雄大學路700號 |
| 電話 | 07-5919000 |
| 編輯承印 | 麗文文化事業股份有限公司 |
| 地址 | 802高雄市苓雅區五福一路57號2樓之2 |
| 電話 | 07-2265267 |
| 傳真 | 07-2264697 |

ISBN 978-986-94557-0-1（平裝）

定價：200 元